D1150910

maraboutch

cuisine thaï pour débutants

maraboutchef
cuisine thaï pour débutants

pour vous mettre en appétit...

4

Pâtés impériaux au porc
et aux crevettes

10

Brochettes de viande marinée
et sauce satay

18

Soupe de poulet au lait de coco
et au galanga

28

Curry vert de poulet

40

Canard sauté au tamarin

44

Bœuf frit aux nouilles

54

Boulettes de crevettes frites

60

Poisson vapeur en feuilles
de bananier

Riz jaune au lait de coco

Nouilles fraîches sautées au poulet
et au bok choy

Aubergines sautées aux
brocolis chinois

Légumes mélangés
au lait de coco

Salade de vermicelles aux crevettes

Salade de porc aux lychees

Salade piquante au poulet

Salade de papaye verte

Soupes et hors-d'œuvre

Pâtés impériaux au porc et aux crevettes

Pour 12 pièces

PRÉPARATION 20 MINUTES • CUISSON 20 MINUTES

20 g de vermicelles de riz séchés
2 c. c. d'huile végétale
100 g de filet de porc en fines lamelles
1 gousse d'ail pilée
1 piment rouge frais en fines lamelles
1 oignon de printemps émincé
1 carotte grossièrement râpée
1 pied de coriandre fraîche haché,
y compris la racine
1 c. c. de sauce de poisson
50 g de crevettes cuites décortiquées
finement hachées
1 c. c. de Maïzena
2 c. c. d'eau
12 feuilles de riz carrées de 12 cm de côté
de l'huile végétale pour la friture

Sauce au concombre
1 mini-concombre épluché et émincé
110 g de sucre en poudre
250 ml d'eau
125 ml de vinaigre de vin blanc
1 c. s. de gingembre frais râpé
1 c. c. de sel
2 piments rouges frais émincés
3 oignons verts émincés
1 c. c. de coriandre fraîche ciselée

1 Mettez les vermicelles dans un petit récipient, couvrez d'eau bouillante puis laissez gonfler entre 3 et 5 minutes, jusqu'à ce qu'ils soient tendres. Égouttez. Avec des ciseaux de cuisine, coupez les vermicelles en tronçons de 5 cm environ.

2 Faites chauffer l'huile végétale dans un wok puis faites revenir à feu vif le porc, l'ail et le piment. Ajoutez ensuite l'oignon, la carotte, le pied de coriandre haché, la sauce de poisson et les crevettes. Laissez dorer jusqu'à ce que les légumes soient juste cuits. Transférez ensuite ce mélange dans un récipient, ajoutez les vermicelles et remuez.

3 Délayez la Maïzena dans l'eau, dans un petit bol. Placez les feuilles de pâte sur un torchon humide. Déposez 1 pleine cuillerée de garniture tiède sur une feuille de pâte, près d'un des coins. Badigeonnez les bords avec le mélange de Maïzena et d'eau puis fermez les rouleaux en rabattant la pâte sur la garniture.

4 Préparez la sauce au concombre.

5 Faites chauffer de l'huile dans un wok et faites frire les pâtés impériaux jusqu'à ce qu'ils soient dorés de toutes parts. Égouttez-les sur du papier absorbant et servez aussitôt avec la sauce au concombre. Vous pouvez présenter en accompagnement des feuilles de salade et des brins de menthe fraîche.

Sauce au concombre Mettez le concombre dans un bol de service. Mettez le sucre, l'eau, le vinaigre, le gingembre et le sel dans un petit récipient et fouettez jusqu'à ce que le sucre soit dissous. Versez ce mélange sur le concombre. Ajoutez enfin le piment, l'oignon et la coriandre.

Par rouleau lipides 3,5 g ; 67 kcal

Sauce (1 c. s.) lipides 0 g ; 26 kcal

Réservez les feuilles de coriandre pour la sauce ; lavez tiges et racines puis hachez-les.

Coupez les vermicelles en tronçons avec des ciseaux de cuisine.

Déposez un peu de garniture au centre d'une feuille de pâte puis rabattez les côtés dessus.

Beignets de bœuf au curry

Pour 8 pièces

PRÉPARATION 30 MINUTES • CUISSON 35 MINUTES

200 g de pommes de terre
2 c. c. d'huile végétale
1 pied de coriandre fraîche haché,
y compris la racine
2 oignons verts
1 gousse d'ail pilée
100 g de bœuf émincé
1/2 c. c. de curcuma en poudre
1/2 c. c. de cumin en poudre
1/2 c. c. de coriandre séchée en poudre
2 c. c. de sauce de poisson
1 c. s. d'eau
2 rouleaux de pâte feuilletée
1 œuf légèrement battu
de l'huile végétale pour la friture

Sauce au piment douce
12 piments rouges frais émincés
8 gousses d'ail finement hachées
220 g de sucre en poudre
500 ml de vinaigre blanc
2 c. c. de sel

Écrasez les pommes de terre avec un presse-purée et ajoutez la garniture au bœuf.

Avec un emporte-pièce, découpez des disques de pâte de 9 cm de diamètre.

Rabattez la pâte sur la garniture pour former des demi-lunes et pincez les bords.

1 Faites cuire les pommes de terre à l'eau puis écrasez-les grossièrement avec un presse-purée dans un récipient.

2 Préparez la sauce au piment.

3 Faites chauffer l'huile végétale dans un wok et faites revenir à feu vif le pied de coriandre haché, les oignons, l'ail et le bœuf. Quand la viande a changé de couleur, ajoutez les épices et poursuivez la cuisson sans cesser de remuer, jusqu'à ce que le mélange embaume. Versez alors la sauce de poisson et l'eau. Laissez épaissir à feu moyen sans couvrir puis versez la préparation sur les pommes de terre écrasées et mélangez bien.

4 Étalez les feuilles de pâte sur le plan de travail fariné et découpez huit disques de 9 cm de diamètre avec un emporte-pièce. Déposez 1 pleine cuillerée à soupe de garniture au centre des disques et badigeonnez les bords d'œuf battu. Fermez les croissants en pinçant les bords du bout des doigts.

5 Au moment de servir, faites chauffer une grande quantité d'huile végétale dans une sauteuse et faites frire les beignets jusqu'à ce que la pâte soit dorée et croustillante. Égouttez-les sur du papier absorbant et servez aussitôt avec la sauce au piment.

Sauce au piment douce Mettez tous les ingrédients dans une petite casserole et mélangez à feu doux jusqu'à ce que le sucre soit dissous. Portez alors à ébullition puis baissez le feu et laissez frémir 20 minutes pour faire épaissir la sauce. Laissez tiédir 5 minutes puis fouettez le mélange pour obtenir une sauce homogène.

Par beignet lipides 8,3 g ; 115 kcal

Sauce (1 c. s.) lipides 0 g ; 52 kcal

ASTUCES

• Vous pouvez préparer la farce la veille et la garder au réfrigérateur. Vous pouvez également congeler les beignets après les avoir fait frire : avant de les servir, réchauffez-les 15 minutes au four pour qu'ils retrouvent tout leur croquant.
• L'huile pour la friture doit être assez chaude pour que la pâte soit saisie. Faites cuire les beignets en plusieurs fournées et retournez-les plusieurs fois pour qu'ils dorent uniformément.

Aumônières au poulet

Pour 12 pièces

PRÉPARATION 30 MINUTES • CUISSON 20 MINUTES

1 c. s. d'huile végétale
1 oignon brun moyen émincé finement
1 gousse d'ail pilée
1 c. s. de gingembre frais râpé
100 g de blanc de poulet émincé
1 c. s. de sucre de palme râpé
ou de sucre roux
1 c. s. de cacahuètes non salées
finement hachées
2 c. c. de coriandre fraîche finement ciselée
3 belles tiges d'oignon vert
24 feuilles de pâte à raviolis chinois
de 8 cm de côté
de l'huile végétale pour la friture

Sauce aux cacahuètes
1 c. s. d'huile végétale
2 gousses d'ail pilées
1 oignon brun moyen émincé finement
2 piments rouges frais épépinés
et grossièrement hachés
1 tige de citronnelle fraîche émincée
180 ml de lait de coco
2 c. s. de sauce de poisson
140 g de sucre de palme râpé
ou de sucre roux
140 g de beurre de cacahuètes
1/2 c. c. de curry en poudre
1 c. s. de jus de citron

1. Faites chauffer l'huile dans un wok et faites revenir à feu vif l'oignon brun, l'ail et le gingembre. Quand l'oignon est tendre, ajoutez le blanc de poulet et laissez cuire jusqu'à ce qu'il change de couleur. Versez le sucre et faites revenir 3 minutes sans cesser de remuer. Incorporez enfin les cacahuètes et la coriandre.

2. Recoupez en quatre dans la longueur les tiges d'oignon vert et faites-les tremper dans un saladier d'eau chaude pour les assouplir.

3. Étalez 12 feuilles de pâte sur le plan de travail puis disposez dessus les feuilles restantes de manière à former une étoile. Déposez 1 cuillerée à soupe de garniture au centre puis soulevez délicatement les coins de la pâte pour enfermer la garniture en formant une aumônière. Fermez avec une tige d'oignon vert.

4. Préparez la sauce aux cacahuètes.

5. Faites chauffer une grande quantité d'huile dans une sauteuse et faites frire les aumônières en plusieurs fois jusqu'à ce que la pâte soit croustillante et dorée. Égouttez-les sur du papier absorbant et servez aussitôt avec la sauce aux cacahuètes.

Sauce aux cacahuètes Faites chauffer l'huile dans une casserole et faites blondir l'ail et l'oignon à feu moyen. Ajoutez alors le reste des ingrédients. Portez à ébullition puis baissez le feu et laissez frémir 2 minutes pour que la sauce épaississe.

Par aumônière lipides 5,1 g ; 101 kcal

Sauce (1 c. s.) lipides 7 g ; 90 kcal

Superposez les feuilles de pâtes pour former une étoile.

Fermez les tiges d'oignon vert pour obtenir de fines lanières.

Garnissez les carrés de pâte puis fermez les aumônières.

Brochettes de viande marinées et sauce satay

Pour 12 brochettes

PRÉPARATION 20 MINUTES • MARINADE 3 HEURES • CUISSON 15 MINUTES

250 g de blanc de poulet
250 g de filet de bœuf
250 g de filet de porc
2 gousses d'ail pilées
2 c. c. de sucre de palme râpé
ou de sucre roux
1/4 c. c. de sambal oelek
1 c. c. de curcuma en poudre
1/4 c. c. de curry en poudre
1/2 c. c. de cumin en poudre
1/2 c. c. de coriandre séchée en poudre
2 c. s. d'huile végétale

Sauce satay
80 g de cacahuètes non salées grillées à sec
2 c. s. de pâte de curry rouge (p. 112)
180 ml de lait de coco
60 ml de bouillon de volaille (p. 118)
1 c. s. de jus de citron kaffir ou de citron vert
1 c. s. de sucre de palme râpé
ou de sucre roux

1 Détaillez les viandes en bandes de 1,5 cm de largeur puis piquez ces morceaux en accordéon sur des piques en bois. Mettez les brochettes dans un plat en verre peu profond. Fouettez dans un récipient l'ail, le sucre, le sambal oelek, les épices et l'huile puis badigeonnez les brochettes de ce mélange. Couvrez et laissez mariner au moins 3 heures au réfrigérateur.

2 Préparez la sauce.

3 Faites cuire les brochettes sur un gril en fonte préchauffé (ou au barbecue) jusqu'à ce qu'elles soient dorées et cuites à votre convenance. Retournez-les plusieurs fois pendant la cuisson en les badigeonnant régulièrement de marinade. Servez aussitôt avec la sauce satay.

Sauce satay Concassez les cacahuètes puis mixez-les avec la pâte de curry pour obtenir un mélange homogène. Portez le lait de coco à ébullition avant d'ajouter la pâte de curry. Laissez chauffer en remuant. Baissez le feu puis versez le bouillon. Laissez mijoter 3 minutes sans cesser de remuer pour faire épaissir la sauce. Ajoutez le jus de citron et le sucre. Laissez cuire à feu moyen jusqu'à ce que tout le sucre soit dissous.

Par brochette lipides 6,1 g ; 112 kcal

Sauce (1 c. s.) lipides 5,5 g ; 66 kcal

Laissez un espace à l'une des extrémités des brochettes pour les retourner sans vous brûler.

Portez le lait de coco à ébullition puis incorporez la pâte de curry en remuant sans cesse.

ASTUCES
• Si vous utilisez des piques en bambou, faites-les tremper au moins 1 heure avant emploi.
• Ces brochettes peuvent être préparées sur des tiges de citronnelle, de thym ou de romarin. La viande prendra ainsi les arômes du bois.
• Pour la marinade, vous pouvez préparez une sauce contenant de l'ail pilé, des épices mélangées et de l'huile. Laissez reposer les brochettes au moins 3 heures dans ce mélange, au réfrigérateur.
• Le sambal oelek est une purée de piment assez forte, d'origine indonésienne. Elle contient aussi de la sauce de soja. Vous pouvez en réduire la quantité ou utiliser de la purée de tomate si vous n'aimez pas les plats trop relevés.

Galettes de poisson

Pour 16 galettes

PRÉPARATION 15 MINUTES • CUISSON 10 MINUTES

500 g de filet de poisson
2 c. s. de pâte de curry rouge (p. 112)
2 feuilles de citronnier kaffir
grossièrement ciselées
2 oignons verts hachés grossièrement
1 c. s. de sauce de poisson
1 c. s. de jus de citron
2 c. s. de coriandre finement ciselée
30 g de haricots verts coupés en fine julienne
2 piments rouges frais émincés
de l'huile végétale pour la friture

1 Ôtez les arêtes du filet de poisson avec une pince à épiler, détaillez-le en cubes et mixez-le grossièrement avec la pâte de curry, les feuilles de kaffir, les oignons, la sauce de poisson et le jus de citron. Vous devez obtenir une pâte grossière. Incorporez alors la coriandre, les haricots et les piments.

2 Formez 16 boulettes égales avec cette préparation puis aplatissez-les légèrement avec la paume. Les galettes doivent avoir environ 5 cm de diamètre.

3 Au moment de servir, faites chauffer l'huile dans une sauteuse puis faites frire les galettes en plusieurs fois. Quand elles sont dorées et cuites à cœur, égouttez-les sur du papier absorbant. Servez avec des quartiers de citron.

Par galette lipides 2,8 g ; 48 kcal

ASTUCES

• Ces galettes de poisson se marient très bien avec une sauce au concombre (p. 4) et des carottes râpées assaisonnées de jus de citron. Choisissez un poisson de mer à chair ferme : rascasse, cabillaud, merlan, julienne…

• Humidifiez vos mains pour préparer les galettes : cela évitera que la préparation ne colle. Disposez-les ensuite en une seule couche sur un plateau et mettez-les 1 heure au réfrigérateur pour les raffermir : elles ne se déferont pas à la cuisson.

• Vous pouvez préparer les galettes de poisson la veille et les conserver crues au réfrigérateur. Faites-les frire au dernier moment pour qu'elles restent croustillantes.

• Vous pouvez également faire cuire ces galettes au barbecue ou sur un gril en fonte. Badigeonnez-les d'huile et faites-les griller 2 minutes de chaque côté.

Retirez les arêtes avec une pince à épiler puis découpez le filet en morceaux.

Détaillez les haricots verts en julienne en les coupant en biais.

Formez des boulettes régulières puis aplatissez-les du bout des doigts.

Bœuf rôti et sauce extra-forte au piment

Pour 4 personnes

PRÉPARATION 20 MINUTES • MARINADE 3 HEURES • CUISSON 10 MINUTES

50 g de pulpe de tamarin séchée
2 c. c. de grains de poivre séchés
grossièrement pilés
250 ml d'eau bouillante
2 gousses d'ail pilées
I c. s. d'huile végétale
2 c. s. de sauce de poisson
2 c. s. de sauce de soja
I tige de citronnelle émincée
2 piments rouges frais émincés
400 g de filet de bœuf
I grosse carotte
80 g de chou chinois émincé

Sauce extra-forte au piment

60 ml de sauce de poisson
60 ml de jus de citron
2 c. c. de sucre roux
I c. s. de piment rouge séché
grossièrement pilé
I oignon de printemps
détaillé en fines lamelles
2 c. s. de coriandre fraîche ciselée
125 ml d'eau de tamarin (voir étape I)

1. Laissez tremper la pulpe de tamarin 30 minutes dans l'eau bouillante. Passez-la ensuite dans un tamis fin en pressant le mélange avec une spatule en bois pour récupérer le maximum de pulpe. Jetez les éléments solides restés dans le tamis. Versez la moitié du jus obtenu dans un plat creux et réservez le reste pour préparer la sauce au piment.

2. Incorporez à la pulpe de tamarin l'ail, le poivre concassé, l'huile, la sauce de poisson, la sauce de soja, la citronnelle et le piment. Ajoutez le filet de bœuf, enrobez-le de toutes parts de ce mélange, couvrez et laissez mariner au moins 3 heures au réfrigérateur.

3. Préparez la sauce au piment.

4. Détaillez la carotte en bâtonnets de 10 cm de long et 3 mm de section.

5. Faites cuire le filet de bœuf 10 minutes sur un gril en fonte (ou au barbecue) en le retournant à mi-cuisson. Quand il est à votre convenance, couvrez-le de papier d'aluminium et laissez-le reposer 10 minutes avant de le découper en tranches fines.

6. Disposez les tranches de viande sur un plat de service, garnissez de carottes et de chou émincé et servez avec la sauce au piment présentée à part dans un bol.

Sauce extra-forte au piment Mélangez tous les ingrédients en fouettant vigoureusement jusqu'à ce que le sucre soit dissous.

Par portion lipides 10,9 g ; 227 kcal

Pilez grossièrement les grains de poivre vert dans un mortier.

Émincez très finement la citronnelle avec un couteau affûté.

ASTUCES

• Cette recette originaire de Bangkok plaira aux palais aventureux car elle est particulièrement relevée. Ajustez la quantité de piment selon votre goût et augmentez si nécessaire les proportions de sucre et de jus de citron.

• N'utilisez que la partie blanche de la tige de citronnelle, plus tendre et plus délicate que la partie verte.

• Pour détailler la carotte en bâtonnets, commencez par la découper dans la longueur en tranches de 3 mm d'épaisseur en la tenant fermement par l'extrémité la plus épaisse pour éviter qu'elle ne roule. Cette partie étant souvent très dure, vous pouvez l'éliminer.

• Le tamarin est un fruit tropical très acide qui ressemble à un gros haricot vert. Il est vendu séché (souvent compressé en petits blocs) et doit être réhydraté dans de l'eau bouillante.

Soupe piquante aux fruits de mer

Pour 4 personnes

PRÉPARATION 20 MINUTES • CUISSON 15 MINUTES

1 crabe vivant de 500 g environ
150 g de filet de poisson blanc
200 g de moules
150 g de calamars nettoyés,
sans les tentacules
1,25 litre de bouillon de volaille (p. 118)
2 tiges de citronnelle émincées
20 g de gingembre frais râpé
4 feuilles de citronnier kaffir
6 piments verts frais émincés
4 piments rouges séchés
400 g de grosses crevettes crues
décongelées
1 c. c. de sucre roux
2 c. s. de sauce de poisson
1 c. s. de jus de citron vert
1 poignée de basilic frais ciselé

1 Ébouillantez le crabe 2 minutes puis détachez les pinces et coupez-les en trois. Retirez le cortex de la carapace et coupez-le en quatre ou en six après l'avoir rincé rapidement. Nettoyez les moules et retirez les barbes. Découpez les calamars en carrés de 2 cm et incisez-les en formant des petits losanges.

2 Versez le bouillon dans une casserole, ajoutez la citronnelle, le gingembre, les feuilles de citronnier et les piments. Portez à ébullition.

3 Incorporez d'abord les morceaux de crabe (pinces et cortex) et laissez frémir 5 minutes avant d'ajouter le poisson et le reste des fruits de mer et coquillages. Prolongez la cuisson à petit bouillon pendant 5 minutes, jusqu'à ce que tous les fruits de mer soient cuits, puis retirez du feu. Incorporez le sucre, la sauce de poisson et le jus de citron. Servez aussitôt dans de grands bols en proposant le basilic à part.

Par portion lipides 2,8 g ; 195 kcal

ASTUCES

• Cette recette est assez riche pour être servie en plat unique, accompagnée de riz cuit à la vapeur. Proposez à vos convives des pinces à crustacés et de petites piques pour décortiquer le crabe et disposez sur la table des coupelles d'eau tiède et de jus de citron en guise de rince-doigts.

• Dans la recette originale, on utilise du galanga à la place du gingembre. Ce rhizome à chair blanche est vendu dans les épiceries asiatiques, de même que les feuilles de citronnier kaffir.

• Vous pouvez piler les piments rouges séchés dans un mortier avant de les mettre dans la casserole.

• N'utilisez que la partie blanche de la tige de citronnelle, plus tendre et plus délicate que la partie verte. Vous pouvez remplacer cet ingrédient par un zeste de citron.

Détaillez la citronnelle en fines lamelles puis émincez ces dernières.

Pilez les piments en poudre avant de les incorporer à la soupe.

Soupe de poulet
au lait de coco et au galanga

Pour 4 personnes

PRÉPARATION 25 MINUTES • CUISSON 35 MINUTES

750 ml de bouillon de volaille (p. 118)
20 g de galanga en tranches fines
2 tiges de citronnelle en bâtonnets
+ 1 tige émincée
6 feuilles de citronnier kaffir
1 pied de coriandre fraîche haché,
y compris la racine
500 g de blanc de poulet en fines lamelles
200 g de champignons de Paris en boîte
rincés et égouttés
250 ml de lait de coco
1 c. s. de jus de citron vert
1 c. s. de sauce de poisson
1 c. c. de sucre de palme râpé
ou de sucre roux
40 g de coriandre fraîche ciselée
2 piments rouges épépinés et émincés

1 Mettez dans une casserole le bouillon, le galanga, les bâtonnets de citronnelle, 4 feuilles de kaffir et le pied de coriandre haché. Portez à ébullition puis baissez le feu, couvrez et laissez frémir 5 minutes. Retirez du feu et laissez reposer 10 minutes. Passez le bouillon dans un tamis fin ; jetez les éléments solides.

2 Remettez le bouillon filtré dans la casserole et ajoutez le poulet et les champignons. Portez à ébullition. Baissez le feu et laissez frémir 5 minutes sans couvrir ; la viande doit être juste cuite. Versez alors le lait de coco en remuant puis incorporez le jus de citron, la sauce de poisson et le sucre. Laissez cuire jusqu'au point d'ébullition puis retirez aussitôt du feu. Ajoutez la coriandre ciselée, les feuilles de kaffir restantes grossièrement ciselées, le piment et la citronnelle émincée. Servez très chaud.

Par portion lipides 22,8 g ; 334 kcal

ASTUCES

• Ne laissez pas bouillir le lait de coco car la soupe prendrait une consistance peu appétissante. Cet ingrédient se vend en boîte de 425 ml ; vous pouvez conserver le reste une semaine au réfrigérateur. Évitez cependant de le congeler car le lait risque de cailler à la cuisson.
• Le galanga est un rhizome à chair blanche, dont la saveur est plus délicate que celle du gingembre. La peau peut être blanche ou rosée selon les variétés. On le trouve dans les épiceries asiatiques.
• Vous trouverez également les feuilles de kaffir dans ces magasins de produits exotiques, ainsi que de la coriandre fraîche avec les racines. Lavez ces dernières à l'eau froide avant de les émincer.
• Après avoir détaillé la citronnelle en bâtonnets, écrasez ces derniers avec le plat de la lame du couteau pour en exhaler l'arôme.

Détaillez le galanga en tranches fines et la citronnelle en bâtonnets.

Ajoutez les feuilles de kaffir dans le bouillon en début de cuisson.

Rincez les champignons avant de les plonger dans le bouillon.

Soupe acidulée aux crevettes

Pour 4 personnes

PRÉPARATION 20 MINUTES • CUISSON 40 MINUTES

900 g de grosses crevettes crues
1 c. s. d'huile végétale
1,5 litre d'eau
2 c. s. de pâte de curry rouge (p. 112)
2 c. s. d'eau de tamarin
1 tige de citronnelle émincée
1 c. c. de curcuma en poudre
2 piments rouges frais épépinés et émincés
1 c. s. de gingembre frais râpé
6 feuilles de citronnier kaffir
détaillées en fines lanières
1 c. c. de sucre de palme râpé
ou de sucre roux
100 g de champignons shiitake
nettoyés et coupés en deux
2 c. s. de sauce de poisson
2 c. s. de jus de citron vert
1 poignée de menthe vietnamienne
fraîche ciselée
1 poignée de coriandre fraîche ciselée

1 Décortiquez les crevettes en laissant la queue intacte. Gardez les têtes et les carapaces.

2 Faites chauffer l'huile dans une grande casserole puis faites revenir a feu vif les têtes et les carapaces des crevettes jusqu'à ce qu'elles soient roses.

3 Ajoutez 250 ml d'eau et la pâte de curry. Portez à ébullition en remuant sans cesse. Versez alors le reste d'eau. Quand le mélange a bouilli une seconde fois, baissez le feu et laissez frémir 20 minutes sans couvrir. Retirez du feu et passez le bouillon dans un tamis fin. Jetez les éléments solides.

4 Rincez la casserole et remettez le bouillon dedans. Ajoutez l'eau de tamarin, la citronnelle, le curcuma, le piment, le gingembre, les feuilles de kaffir et le sucre. Faites bouillir 2 minutes puis baissez le feu. Ajoutez les champignons et laissez frémir 3 minutes. Incorporez enfin les crevettes. Prolongez la cuisson jusqu'à ce qu'elles changent de couleur, sans laisser bouillir. Retirez du feu pour verser la sauce de poisson et le jus de citron. Servez aussitôt après avoir saupoudré la soupe de menthe vietnamienne et de coriandre ciselées.

Par portion lipides 7,6 g ; 187 kcal

ASTUCES

• Cette soupe offre un mélange d'acidité et de piquant conféré par le jus de citron, le piment et la pâte de curry. Contrairement à la plupart des soupes thaïlandaises, elle ne comporte pas de lait de coco. Moins douce au palais, elle fait le bonheur des amateurs de plats épicés.

• La menthe vietnamienne a un goût poivré très prononcé. On peut la remplacer par de la menthe commune mais la recette perdra en saveur. Essayez de vous en procurer dans les épiceries asiatiques. Achetez-en un beau bouquet et ciselez les feuilles non utilisées avant de les congeler dans de petits sacs alimentaires.

• Vous pouvez vous procurer de l'eau de tamarin dans les épiceries asiatiques ou la préparer vous-même (voir p. 15).

Roulez les feuilles de kaffir avant de les découper en fines lanières.

Faites revenir les têtes et les carapaces des crevettes jusqu'à ce qu'elles rosissent.

Râpez le gingembre juste avant de l'ajouter dans la soupe.

Les currys

Curry vert de porc à l'ail

Pour 4 personnes

PRÉPARATION 20 MINUTES • MARINADE 30 MINUTES • CUISSON 20 MINUTES

35 g de gingembre frais râpé
3 gousses d'ail pilées
150 g d'oignons bruns émincés
1 c. c. de curcuma en poudre
2 c. s. de pâte de curry verte (p. 112)
10 feuilles de citronnier kaffir ciselées
750 g de filet de porc en cubes de 2 cm
60 ml d'huile végétale
1 c. s. de pulpe de tamarin
250 ml d'eau bouillante
2 c. s. de sauce de poisson
2 têtes d'ail marinées égouttées et émincées
2 c. c. de sucre de palme râpé
ou de sucre roux

Grattez le gingembre pour en ôter la peau avant de le râper.

Délayez le tamarin dans l'eau bouillante en remuant.

Émincez le bulbe d'ail confit sans séparer les gousses.

1 Mixez ensemble le gingembre, l'ail pilé, les oignons, le curcuma, la pâte de curry et la moitié des feuilles de kaffir. Mettez ensuite ce mélange dans un grand plat avec le porc et remuez pour que les morceaux soient enrobés de marinade. Couvrez et laissez reposer 30 minutes au réfrigérateur.

2 Faites chauffer l'huile dans une cocotte. Faites-y revenir les morceaux de porc jusqu'à ce qu'ils soient dorés.

3 Délayez le tamarin dans l'eau bouillante, ajoutez la sauce de poisson, laissez reposer quelques minutes puis versez le mélange dans la casserole. Laissez cuire 10 minutes sans couvrir. La viande doit être juste tendre.

4 Ajoutez l'ail confit et le sucre. Laissez frémir 5 minutes en remuant de temps en temps. La sauce doit épaissir légèrement.

5 Présentez le curry dans un plat et saupoudrez-le avec le reste des feuilles de kaffir. Servez aussitôt.

Par portion lipides 21,2 g ; 394 kcal

ASTUCES

• Servez ce curry avec du riz jasmin (p. 67).
• Ce curry sera encore meilleur si vous le préparez la veille. Les arômes auront ainsi le temps de se développer.
• Cette recette privilégie des saveurs acides, conférées par le gingembre, l'ail confit et le tamarin. Contrairement à la plupart des plats thaïs, elle ne comporte pas de lait de coco.
• Les feuilles de kaffir et les citrons du même arbre sont vendus dans les épiceries asiatiques. On peut les remplacer respectivement par de la citronnelle ou du citron vert mais la recette y perdra de sa saveur originale.
• Dans cette recette, il n'est pas nécessaire de peler le gingembre avant de le râper si le rhizome est très frais et jeune. Dans le cas contraire, grattez la peau avec la lame d'un couteau ou le côté d'une petite cuillère.
• L'ail mariné est ramassé très jeune, presque vert, et mis à mariner avec la peau dans une saumure à base de vinaigre et de sel. On peut le proposer en condiment pour accompagner nouilles et riz sautés ou le cuisiner dans une recette. Les Thaïlandais aiment quant à eux le grignoter en-cas.

Curry jaune aux fruits de mer et aux aubergines thaïes

Pour 4 personnes

PRÉPARATION 30 MINUTES • CUISSON 30 MINUTES

**500 g de calamars nettoyés,
sans les tentacules
400 g de filet de poisson blanc
200 g de grosses crevettes crues
200 g de moules
12 noix de Saint-Jacques
1 c. c. de pâte de crevettes séchées
1 c. s. d'huile végétale
2 c. s. de pâte de curry jaune
2 gousses d'ail pilées
2 c. c. de gingembre frais râpé
1 gros oignon brun émincé
1 tige de citronnelle émincée
1 piment rouge épépiné et émincé
12 aubergines thaïes coupées en quatre
ou 1 aubergine commune
coupée en petits cubes
250 ml de fumet de poisson (p. 118)
400 ml de lait de coco
3 feuilles de citronnier kaffir
grossièrement ciselées
1 c. s. de sucre de palme râpé
ou de sucre roux
1 poignée de coriandre fraîche ciselée
2 c. s. de jus de citron vert
2 piments rouges en supplément**

1 Coupez les calamars en carrés de 1,5 cm et incisez-les en formant de petits losanges. Décortiquez les crevettes en gardant les queues intactes. Nettoyez les moules et ôtez les barbes. Retirez le corail des noix de Saint-Jacques.

2 Mettez la pâte de crevettes dans un wok. Laissez chauffer jusqu'à ce qu'elle embaume puis ajoutez l'huile et la pâte de curry. Remuez sur le feu jusqu'à obtention d'un mélange homogène.

3 Ajoutez l'ail, le gingembre, l'oignon, la citronnelle et le piment émincé. Faites revenir le tout jusqu'à ce que l'oignon soit presque fondu. Incorporez les aubergines et prolongez la cuisson 2 minutes en remuant. Versez le fumet de poisson et le lait de coco sans cesser de remuer puis incorporez les feuilles de kaffir et le sucre. Portez à ébullition puis faites mijoter 10 minutes en remuant de temps en temps.

4 Mettez le poisson dans le wok et faites-le cuire 3 minutes avant d'ajouter les fruits de mer. Couvrez et laissez cuire encore 5 minutes, sans faire bouillir, jusqu'à ce que les crevettes soient roses et les moules bien ouvertes (jetez celles qui sont restées fermées). Retirez du feu et ajoutez la coriandre et le jus de citron.

5 Versez la soupe dans de grands bols de service. Détaillez les piments restants en fines lanières ; saupoudrez-en les bols ou présentez-les dans une coupelle (chaque convive se servira à son goût).

Par portion lipides 32,5 g ; 643 kcal

Ôtez la peau des aubergines puis détaillez-les en quatre.

Enveloppez un morceau de pâte de crevettes dans du papier d'aluminium.

ASTUCES

• Élaborée à base de crevettes salées, fermentées et séchées au soleil, la pâte de crevettes se vend dans les épiceries asiatiques. Elle se conserve longtemps dans un endroit sec (inutile de la mettre au réfrigérateur).

• Petites et rondes, avec une peau le plus souvent vert et jaune, les aubergines thaïes se vendent dans les épiceries asiatiques. Enlevez la peau car elle est amère.

• Demandez à votre poissonnier de nettoyer les noix de Saint-Jacques et les calamars. Vous pouvez également utiliser des produits surgelés en prenant soin de les faire décongeler à l'avance.

Curry rouge de canard

Pour 4 personnes

PRÉPARATION 15 MINUTES • CUISSON 15 MINUTES

75 g de pâte de curry rouge (p. 112)
400 ml de lait de coco
125 ml de bouillon de volaille (p. 118)
1 c. s. de sauce de poisson
1 c. s. de jus de citron vert
2 feuilles de citronnier kaffir
1 petit bouquet de basilic thaï
1 canard au barbecue chinois
coupé en 12 morceaux
550 de lychees en boîte égouttés
250 g de pousses de bambou en boîte
rincées et égouttées
3 piments rouges frais
détaillés en fines rondelles

1 Faites chauffer la pâte de curry dans une sauteuse jusqu'à ce qu'elle embaume. Versez alors progressivement le lait de coco, puis le bouillon, le jus de citron et la sauce de poisson, en remuant sans cesse pour obtenir un mélange homogène. Ajoutez les feuilles de kaffir et portez à ébullition. Baissez le feu et laissez mijoter 5 minutes, sans cesser de remuer.

2 Réservez 8 feuilles de basilic pour décorer. Ajoutez le reste dans la cocotte avec les morceaux de canard, les lychees et les pousses de bambou. Laissez frémir 5 minutes en remuant de temps en temps. La viande doit être chaude et tendre.

3 Présentez le curry dans un plat de service. Garnissez de rondelles de piment et de feuilles de basilic réservées. Servez aussitôt.

Par portion lipides 47,2 g ; 575 kcal

ASTUCES

• La cuisine de l'Asie du Sud-Est se décline essentiellement autour de deux saveurs : le sucré et le salé. Plus complexe, la cuisine thaïe joue de quatre harmonies : sucré, salé, épicé et acide, avec en contrepoint une discrète note d'amertume. Ce curry en est une parfaite illustration, avec une combinaison intéressante de sucré (lait de coco et lychees), salé (sauce de poisson), épicé (piments) et acide (jus de citron). Selon les préférences, on pourra augmenter les quantités de tel ou tel ingrédient pour modifier la tonalité de ce plat.
• Le canard au barbecue est une recette chinoise typique. La viande est mise à mariner puis rôtie dans un récipient couvert pendant 2 heures. Ce mode de cuisson s'applique également au porc. Vous trouverez du canard au barbecue tout prêt dans les épiceries asiatiques. À défaut, préparez ce curry avec un canard simplement rôti. Vous pouvez également acheter 2 magrets de canard que vous découperez en fines lamelles et ferez revenir à feu vif dans un wok avant de les incorporer au curry.
• En saison, préparez ce curry avec des lychees frais, moins sucrés que les fruits en conserve. Douze lychees suffiront pour cette recette.
• Quand vous portez à ébullition le mélange au lait de coco, ne couvrez pas la casserole car le liquide risque de déborder. Remuez constamment pour que le mélange reste homogène. Une cuisson trop forte peut conduire à une dissociation des ingrédients : une couche d'huile se forme alors à la surface du curry.

Utilisez un sécateur de cuisine pour découper le canard.

Incorporez la pâte de curry au lait de coco en remuant sans cesse.

Curry vert de poulet

Pour 4 personnes

PRÉPARATION 20 MINUTES • CUISSON 20 MINUTES

75 g de pâte de curry vert (p. 112)
800 ml de lait de coco
2 feuilles de citronnier kaffir
1 kg de cuisses de poulet désossées
2 c. s. de sauce de poisson
2 c. s. de jus de citron vert
1 c. s. de sucre de palme râpé
ou de sucre roux
150 g d'aubergines sauvages ou de petites
aubergines thaïes coupées en quatre
1 petite courgette coupée en cinq
1 petite poignée de basilic thaï
1 petite poignée de coriandre fraîche ciselée
quelques feuilles de coriandre entières
1 piment vert épépiné et émincé
2 oignons verts émincés

1 Faites chauffer la pâte de curry dans une casserole jusqu'à ce qu'elle embaume puis versez progressivement le lait de coco en remuant sans cesse. Quand le mélange est homogène, ajoutez les feuilles de kaffir et portez à ébullition. Baissez le feu et laissez frémir 5 minutes sans couvrir et sans cesser de remuer.

2 Détaillez chaque blanc de poulet en quatre. Faites chauffer une poêle antiadhésive et faites dorer la viande de toutes parts puis égouttez-la sur du papier absorbant.

3 Mettez les morceaux de poulet dans la casserole puis ajoutez la sauce de poisson, le jus de citron, le sucre de palme et les aubergines sauvages. Laissez frémir 5 minutes. Quand la viande est tendre, incorporez la courgette, le basilic et la coriandre ciselée. Prolongez la cuisson jusqu'à ce que la courgette soit cuite.

4 Présentez le curry dans un plat de service, décorez de feuilles de coriandre et de lamelles de piment et d'oignon. Servez aussitôt.

Par portion lipides 72,4 g ; 914 kcal

ASTUCES

• Dégraissez le plus possible la viande avant de la faire cuire. Choisissez de préférence des filets dans la cuisse, moins secs et plus savoureux que les blancs de poulet.
• Une technique toute simple pour prélever le maximum de jus des citrons : laissez ces derniers au moins 30 minutes à température ambiante (si vous les conservez au réfrigérateur). Juste avant de les presser, roulez-les sur le plan de travail en appuyant fermement avec la paume de la main.
• Les aubergines sauvages (*makea puong* en thaï) sont vendues dans les épiceries asiatiques et les magasins spécialisés. Un peu plus grosses que des petits pois, elles se présentent en grappes. Leur goût est légèrement amer. Vous pouvez les remplacer par des aubergines thaïes ou tout simplement par des petits pois frais.

Dégraissez les blancs de poulet avant de les faire dorer dans une poêle.

Détachez les aubergines sauvages de leur tige. Recoupez les plus grosses.

Roulez le citron sur un plan de travail pour en extraire plus facilement le jus.

Curry jaune de poisson et pommes de terre

Pour 4 personnes

PRÉPARATION 20 MINUTES • CUISSON 20 MINUTES

8 petites pommes de terre à chair ferme épluchées et coupées en deux
400 ml de lait de coco
2 c. s. de pâte de curry jaune (p. 112)
60 ml de fumet de poisson (p. 118)
2 c. s. de sauce de poisson
1 c. s. de jus de citron vert
1 c. s. de sucre de palme râpé ou de sucre roux
800 g de filet de poisson à chair ferme coupé en cubes
4 oignons verts émincés
20 g de coriandre fraîche grossièrement ciselée
1 piment rouge émincé
quelques feuilles de coriandre entières pour décorer

1 Faites cuire les pommes de terre à l'eau ou à la vapeur puis égouttez-les.

2 Pendant que les pommes de terre cuisent, versez la moitié du lait de coco dans une casserole et portez à ébullition. Après le premier bouillon, laissez frémir pour faire réduire le liquide de moitié. Ajoutez alors la pâte de curry en remuant sans cesse et prolongez la cuisson pendant 1 minute, jusqu'à ce que le mélange embaume. Versez le reste du lait de coco, le fumet de poisson, la sauce de poisson, le jus de citron et le sucre en remuant sans cesse.

3 Quand le sucre est dissous, incorporez les morceaux de poisson et les pommes de terre dans la casserole. Prolongez la cuisson 3 minutes en remuant de temps en temps. Quand le poisson est cuit, retirez la casserole du feu et ajoutez les oignons verts et la coriandre ciselée.

4 Présentez le curry dans un plat de service, décorez de lamelles de piment et de feuilles de coriandre et servez très chaud.

Par portion lipides 24,2 g ; 479 kcal

Retirez les arêtes du poisson avec une pince à épiler.

Ne râpez que la quantité de sucre dont vous avez besoin.

Faites réduire le lait de coco avant d'incorporer le reste des ingrédients.

ASTUCES

• La pâte de curry jaune a une saveur très douce. Comportant du curcuma, elle se rapproche du curry indien. Cette recette évoque d'ailleurs la cuisine de la côte ouest de l'Inde. Cette influence s'explique par le fait que les émigrants de cette région de l'Inde ont pu importer avec eux en Thaïlande leurs traditions culinaires.

• Après réduction du lait de coco, une couche d'huile va se former à la surface ; retirez-la délicatement avec une cuillère pour alléger la recette.

• Au sud de la Thaïlande s'étend le golfe du Siam. Voisine de la mer, la région de Bangkok est en outre traversée de nombreux cours d'eau. Ceci explique que le poisson occupe une place prépondérante dans la cuisine thaïe. Pour cette recette, choisissez un poisson à chair ferme contenant peu d'arêtes (enlevez celles qui restent avec une pince à épiler). Prenez garde de ne pas le faire cuire trop longtemps car il se déferait à la chaleur et le plat ne serait plus présentable. Ajoutez-le dans la casserole au dernier moment.

• Vous trouverez en grandes surfaces du fumet de poisson en brique ou déshydraté. Si vous le faites vous-même, préparez-en une quantité importante : vous congèlerez le reste en petites portions.

Curry de porc

Pour 4 personnes

PRÉPARATION 20 MINUTES • CUISSON 20 MINUTES

2 c. s. d'huile végétale
75 g de pâte de curry rouge (p. 112)
750 g de filet de porc coupé en lamelles
1 poignée de basilic thaï
40 g de gingembre mariné
coupé en fines lamelles
150 g d'aubergines thaïes épluchées
et coupées en quatre
1 carotte coupée en tranches fines
100 g de haricots verts coupés en deux
250 g de pousses de bambou en boîte
rincées et égouttées
10 g de poivre vert mariné en boîte
(ou 2 petites grappes entières, en vente
au détail dans les épiceries asiatiques)
2 feuilles de citronnier kaffir
1 litre de bouillon de légumes
4 piments rouges frais émincés

1 Mettez l'huile et la pâte de curry dans une casserole et faites chauffer le tout en remuant sans cesse jusqu'à ce que le mélange embaume.

2 Ajoutez la viande en remuant pour qu'elle soit enrobée de pâte de curry puis faites-la dorer 5 minutes à feu moyen.

3 Réservez quelques feuilles de basilic. Ciselez grossièrement le reste et mettez-le dans la casserole avec le gingembre, les aubergines, la carotte, les haricots, les pousses de bambou, le poivre vert, les feuilles de kaffir. Versez ensuite le bouillon en remuant sans cesse pour que la sauce reste homogène et portez à ébullition. Réduisez le feu et laissez mijoter 10 minutes. Quand la viande est tendre, retirez la casserole du feu et incorporez le piment.

4 Transférez le curry dans un plat et ajoutez les feuilles de basilic réservées. Servez sans attendre.

Par portion lipides 18,2 g ; 382 kcal

Émincez les piments en évitant d'ôter les graines.

Égouttez les grappes de poivre vert avant de les ajouter dans la casserole.

ASTUCES

• Petites et rondes, avec une peau le plus souvent verte et jaune, les aubergines thaïes se vendent dans les épiceries asiatiques. Enlevez la peau avant de les cuisiner car celle-ci est amère.

• Les currys thaïs préparés sans lait de coco ont une saveur plus puissante et sont généralement assez relevés. Adaptez la quantité de poivre et de gingembre en fonction de votre goût et proposez ce plat à des convives aimant les plats très épicés.

• Essayez de vous procurer du poivre vert de Thaïlande (en vente dans les épiceries asiatiques), dont le goût est plus authentique pour cette recette. Si vous l'achetez en grappe, il n'est pas nécessaire d'en détacher les grains avant de l'ajouter au curry.

• Pour les currys thaïs, on utilise généralement des piments oiseau, très forts. Pour une saveur moins épicée, retirez-en les graines avant de les émincer et réduisez au besoin la quantité si vous n'aimez pas les plats trop relevés.

Curry rouge aux boulettes de poisson

Pour 4 personnes

PRÉPARATION 20 MINUTES • CUISSON 15 MINUTES

500 g de filet de poisson à chair ferme
1 gousse d'ail coupée grossièrement
1 pied de coriandre fraîche haché,
avec les racines
1 c. s. de sauce de soja
1 c. s. de Maïzena
2 c. c. d'huile végétale
2 c. s. de pâte de curry rouge (p. 112)
400 ml de lait de coco
60 g d'aubergines sauvages
2 c. s. de sucre de palme râpé
1 c. s. de jus de citron vert
1 c. s. de sauce de poisson
2 oignons verts émincés
40 g de germes de soja frais
2 piments rouges frais émincés
30 g de coriandre fraîche

1 Mixez grossièrement le poisson, l'ail, la tige de coriandre hachée, la sauce de soja et la Maïzena. Formez ensuite avec ce hachis des boulettes de la taille d'un gros œuf de caille.

2 Mettez l'huile et la pâte de curry dans une casserole et faites chauffer ce mélange jusqu'à ce qu'il embaume. Incorporez alors progressivement le lait de coco, en remuant sans cesse. Portez à ébullition sans cesser de remuer avant d'ajouter les aubergines sauvages et les boulettes de poisson puis baissez le feu et laissez frémir 5 minutes. Les boulettes doivent être juste cuites.

3 Incorporez le sucre, le jus de citron, la sauce de poisson et les oignons verts. Gardez sur le feu jusqu'à ce que le sucre soit dissous.

4 Versez le curry dans un plat et garnissez-le de germes de soja, de rondelles de piment et de feuilles de coriandre. Servez aussitôt.

Par portion lipides 25,9 g ; 387 kcal

ASTUCES

• Pour cette recette, choisissez un poisson à chair ferme contenant peu d'arêtes. Évitez de faire cuire les boulettes trop longtemps car elles se déferaient à la chaleur.

• Vous pouvez préparer le hachis quelques heures à l'avance et le garder au frais (il s'imprégnera de la saveur des épices). Il sera ainsi plus facile à rouler en boulettes. Gardez ces dernières au réfrigérateur jusqu'au dernier moment pour qu'elles restent fermes.

• Achetez le pied de coriandre frais dans les épiceries asiatiques. Réservez les feuilles pour la sauce et lavez tiges et racines avant de les hacher pour la garniture.

• Les aubergines sauvages (*makea puong* en thaï) sont vendues dans les épiceries asiatiques et les magasins spécialisés. Un peu plus grosses que des petits pois, elles se présentent en grappes. Leur goût est légèrement amer. Vous pouvez les remplacer par des aubergines thaïes ou tout simplement par des petits pois frais.

Détaillez le poisson en cubes après avoir enlevé les arêtes.

Roulez le hachis de poisson en boulettes de la taille d'un œuf de caille.

Hachez le pied de coriandre et gardez les feuilles pour décorer.

Curry de poulet panang

Pour 4 personnes

PRÉPARATION 15 MINUTES • CUISSON 20 MINUTES

800 ml de lait de coco
3 c. s. de pâte de curry panang (p. 112)
2 c. s. de sucre de palme râpé
ou de sucre roux
2 c. s. de sauce de poisson
2 feuilles de citronnier kaffir
grossièrement ciselées
2 c. s. d'huile végétale
1 kg de cuisses de poulet désossées
et coupées en quatre
100 g de haricots verts coupés en deux
1 poignée de basilic thaï frais
75 g de cacahuètes grillées non salées
grossièrement hachées
2 piments rouges frais émincés

1 Mélangez dans une casserole le lait de coco, la pâte de curry, le sucre, la sauce de poisson et les feuilles de kaffir. Portez à ébullition puis baissez le feu et laissez frémir 15 minutes. La sauce doit réduire d'un tiers environ.

2 Pendant ce temps, faites chauffer l'huile dans une poêle et faites revenir la viande jusqu'à ce qu'elle soit dorée de toutes parts. Égouttez-la sur du papier absorbant.

3 Ajoutez dans la casserole les haricots verts, les morceaux de poulet et la moitié du basilic. Prolongez la cuisson pendant 5 minutes en remuant de temps en temps, sans couvrir. Les haricots doivent rester un peu croquants.

4 Faites dorer à sec les cacahuètes dans une poêle anti-adhésive. Présentez le curry dans un grand plat creux et saupoudrez-le de cacahuètes hachées. Ajoutez le reste du basilic et les piments. Servez aussitôt.

Par portion lipides 82,1 g ; 1 038 kcal

Si vous congelez les feuilles de kaffir, chassez l'air du sac alimentaire.

Vous pouvez râper le sucre de palme ou le piler dans un mortier.

Faites griller à sec les cacahuètes avant de les ajouter au curry.

ASTUCES

• Dégraissez le plus possible la viande avant de la faire cuire. Choisissez de préférence des filets dans la cuisse, moins secs et plus savoureux que les blancs de poulet.

• Le curry panang est une variante moins épicée de la pâte de curry rouge. Développant des arômes très riches mais adoucis par une saveur légèrement sucrée (grâce au lait de coco), c'est une excellente introduction à la cuisine thaïe.

• La sauce de poisson est un ingrédient typique de la cuisine asiatique. On l'appelle *nahm pla* en thaïlandais. Cette sauce étant très salée, goûtez le plat avant de rectifier l'assaisonnement ou d'augmenter les quantités.

• Le basilic thaï présente des feuilles plus petites que le basilic commun et il possède un délicat arôme d'anis. On le trouve dans les épiceries asiatiques. Vous pouvez le remplacer par une variété plus courante.

• Achetez une bonne quantité de feuilles de kaffir (dans les épiceries asiatiques) et congelez-les dans un sac alimentaire pour les garder fraîches.

• Issu de la sève du cocotier, le sucre de palme est brun et très parfumé. Il est vendu sous forme de petits pains ronds. Vous pouvez le remplacer par du sucre roux ou de la cassonade.

Curry de bœuf massaman

Pour 4 personnes

PRÉPARATION 20 MINUTES • CUISSON 2 HEURES

800 ml de lait de coco
500 ml de bouillon de bœuf (p. 118)
1 kg de bœuf à braiser coupé en cubes
5 gousses de cardamome
grossièrement écrasées
3 clous de girofle
2 étoiles de badiane (anis étoilé)
1 c. s. de sucre de palme râpé
ou de sucre roux
2 c. s. de sauce de poisson
2 c. s. d'eau de tamarin
2 c. s. de pâte de curry massaman (p. 112)
8 petits oignons bruns coupés en deux
1 kumara (patate douce) coupé en cubes
35 g de cacahuètes grillées non salées
grossièrement hachées
2 oignons verts émincés

1 Mélangez la moitié du lait de coco et les deux tiers du bouillon dans une casserole. Ajoutez le bœuf, la carda-mome, les clous de girofle, la badiane, le sucre, la sauce de poisson et la moitié du tamarin puis portez à ébulli-tion. Après le premier bouillon, baissez le feu et laissez frémir 1 h 30 sans couvrir pour éviter que le lait de coco ne tourne. La viande doit être très tendre.

2 Retirez la viande avec une écumoire et faites-la égoutter dans une passoire. Filtrez la sauce et réservez-la ; jetez les ingrédients solides.

3 Faites chauffer la pâte de curry dans une cocotte jusqu'à ce qu'elle embaume puis versez progressivement le reste du lait de coco, du tamarin et du bouillon. Faites bouillir 1 minute avant d'ajouter le bœuf, les oignons, le kumara et 250 ml de sauce réservée. Prolongez la cuis-son 30 minutes à feu moyen (la sauce doit à peine frémir), jusqu'à ce que les légumes soient tendres.

4 Présentez le curry dans un grand plat creux. Au moment de servir, garnissez-le de cacahuètes hachées et de tranches d'oignon vert.

Par portion lipides 54,6 g ; 881 kcal

ASTUCES

• Les morceaux de bœuf à braiser doivent être attendris par une cuisson prolongée à feu doux. Évitez de faire bouillir la sauce car la viande durcirait et le lait de coco pourrait tourner. Si vous manquez de temps, préparez cette recette avec du bœuf à griller coupé en fines lamelles et réduisez la première cuisson à 30 minutes. Mais cette adaptation sera moins parfumée, la viande n'ayant pas eu le temps de s'imprégner des saveurs de la sauce.

• Vous pouvez faire griller à sec les cacahuètes (sans matière grasse et dans une poêle antiadhésive) avant de les incorporer au curry. Retirez la poêle du feu dès qu'elles commencent à brunir pour éviter qu'elles ne brûlent.

• La cardamome est une épice très parfumée, presque aussi chère que le safran. Elle se vend moulue mais son parfum est alors moins intense. Elle se présente sous la forme de petites capsules séchées vert pâle ou beiges. Pour en pré-server tout le parfum, il vaut mieux moudre ces graines au moment de s'en servir. Dans cette recette, on se conten-tera d'écraser les gousses entières.

Coupez la viande en cubes de 3 cm après avoir enlevé le maximum de gras.

Écrasez les gousses de cardamome avec le plat d'une lame de couteau.

Cuisson au wok

Canard sauté au tamarin

Pour 4 personnes

TREMPAGE 30 MINUTES • PRÉPARATION 20 MINUTES • CUISSON 10 MINUTES

25 g de pulpe de tamarin
125 ml d'eau bouillante
30 g de gingembre frais
1 c. s. d'huile végétale
2 gousses d'ail pilées
2 piments rouges frais émincés
1 canard au barbecue chinois
coupé en douze morceaux
1 poivron rouge émincé
2 c. s. de sauce d'huîtres
1 c. s. de sauce de poisson
2 c. s. de sucre de palme râpé
ou de sucre roux
200 g de mini-bok choy émincé
100 g de pois mangetout émincés
8 oignons verts coupés en tronçons de 5 cm
quelques feuilles de coriandre

1 Faites tremper le tamarin 30 minutes dans l'eau bouillante puis passez-le dans un tamis fin. Pressez la pulpe avec une cuillère en bois pour en récupérer le maximum dans un petit bol. Jetez les résidus.

2 Pelez le gingembre puis détaillez-le en bâtonnets.

3 Faites chauffer l'huile dans un wok et faites revenir le gingembre, l'ail et les piments jusqu'à ce qu'ils embaument. Ajoutez alors les morceaux de canard et le poivron. Prolongez la cuisson à feu vif, en remuant sans cesse, jusqu'à ce que la viande soit dorée. Le poivron doit être juste cuit.

4 Ajoutez les sauces et le sucre puis le jus de tamarin. Laissez bouillonner 1 minute avant d'ajouter le bok choy. Sans cesser de remuer, faites-le revenir à feu vif puis incorporez les pois mangetout et les oignons. Prolongez la cuisson jusqu'à ce qu'ils soient juste tendres. Retirez du feu et ajoutez les feuilles de coriandre. Servez aussitôt.

Par portion lipides 42,3 g ; 569 kcal

Récupérez la pulpe de tamarin en grattant le tamis avec une cuillère.

Découpez le gingembre en tranches puis en bâtonnets fins.

ASTUCES

• Le canard au barbecue est une recette chinoise typique. La viande est mise à mariner puis rôtie dans un récipient couvert pendant 2 heures. Ce mode de cuisson s'applique également au porc. Vous trouverez du canard au barbecue tout prêt dans les épiceries asiatiques. À défaut, préparez cette recette avec un canard rôti. Vous pouvez également acheter 2 magrets de canard que vous découperez en fines lamelles et ferez revenir à feu vif dans le wok.

• Le tamarin est un fruit tropical très acide qui ressemble à un gros haricot. Il est vendu séché (souvent compressé en petits blocs) et doit être réhydraté dans de l'eau bouillante. On filtre ensuite le liquide obtenu en le pressant dans un tamis pour extraire le maximum de pulpe.

• Le bok choy est une variété de chou chinois possédant de larges feuilles lisses et une carde blanche et rigide. Les feuilles ont un goût proche de celui du chou commun tandis que les cardes ont une saveur plus sucrée. Le mini-bok choy est plus fin ; une cuisson rapide au wok permet de lui garder tout son croquant.

Bœuf au gingembre

Pour 4 personnes

PRÉPARATION 20 MINUTES • CUISSON 10 MINUTES

30 g de gingembre frais
2 c. s. d'huile végétale
600 g de rumsteck détaillé en fines lamelles
2 gousses d'ail pilées
120 g de haricots verts coupés en deux
8 oignons verts coupés en tronçons de 5 cm
2 c. c. de sucre de palme râpé
ou de sucre roux
2 c. c. de sauce d'huîtres
1 c. s. de sauce de poisson
1 c. s. de sauce de soja
1 poignée de basilic thaï

1 Pelez le gingembre puis détaillez-le en fins bâtonnets.

2 Faites chauffer la moitié de l'huile dans un wok puis faites revenir le bœuf à feu vif pour qu'il brunisse de toutes parts. Réservez au chaud.

3 Faites chauffer le reste d'huile dans le wok puis faites revenir le gingembre et l'ail jusqu'à ce qu'ils embaument. Ajoutez alors les haricots verts et prolongez la cuisson jusqu'à ce qu'ils soient cuits mais encore un peu croquants.

4 Remettez le bœuf dans le wok avec les oignons, le sucre et les sauces. Mélangez sur le feu pour que le sucre soit dissous et la viande très chaude puis retirez du feu et incorporez le basilic. Mélangez une dernière fois avant de servir.

Par portion lipides 19,8 g ; 367 kcal

ASTUCES

• Mettez le bœuf 30 minutes au congélateur : plus ferme, la viande se découpera plus facilement.

• Faites cuire le bœuf en plusieurs fois pour que l'huile reste chaude et que la viande soit juste saisie. Elle finira de cuire quand vous la remettrez dans le wok après avoir fait revenir le reste des ingrédients.

• Pour réussir la cuisson au wok, veillez à ce que celui-ci soit très chaud. Faites chauffer l'huile à feu vif, faites tourner le wok sur le feu pour répartir l'huile au fond puis faites sauter les aliments en plusieurs fois et toujours à feu vif, en remuant sans cesse.

• Vous pouvez remplacer le gingembre par du galanga frais (en vente dans les épiceries asiatiques), plus fort en goût, avec une saveur citronnée assez marquée.

• Le basilic thaï présente des feuilles plus petites que le basilic commun et il possède un délicat arôme d'anis. On le trouve dans les épiceries asiatiques. Vous pouvez le remplacer par une variété plus courante.

• Pour une recette plus authentique, procurez-vous dans les épiceries asiatiques des haricots kilomètres, une variété chinoise qui mesure 40 cm de long.

Congelez la viande quelques minutes pour pouvoir la découper plus facilement.

Si vous utilisez des haricots kilomètres, coupez-les en tronçons de 5 cm de long.

Bœuf frit aux nouilles

Pour 4 personnes

PRÉPARATION 20 MINUTES • ÉGOUTTAGE 15 MINUTES • CUISSON 1 H 45

1 morceau de bœuf à braiser de 750 g
1 kg de nouilles de riz fraîches
(en rubans larges)
60 ml d'huile végétale
3 gousses d'ail pilées
3 piments rouges frais émincés
4 oignons verts émincés
2 c. s. de sauce de poisson
65 g de sucre de palme râpé
ou de sucre roux
1 poignée de coriandre fraîche

1 Mettez le bœuf dans une casserole, couvrez d'eau froide et portez à ébullition. Dès les premiers bouillons, retirez l'écume et baissez le feu. Couvrez et laissez frémir 1 h 30. Retirez la viande de la casserole et faites-la égoutter 15 minutes dans une passoire.

2 Mettez les nouilles dans un saladier, couvrez-les d'eau bouillante et laissez reposer quelques minutes pour qu'elles s'assouplissent. Séparez-les à la fourchette puis égouttez-les.

3 Dégraissez le morceau de bœuf. Émincez-le très finement dans le sens des fibres en vous aidant de deux fourchettes pour séparer la viande. Faites chauffer l'huile dans un wok puis faites dorer le bœuf en plusieurs fois, jusqu'à ce qu'il soit presque frit. Égouttez-le sur du papier absorbant.

4 Faites revenir l'ail, les piments et les oignons dans le wok puis ajoutez la sauce de poisson et le sucre. Remuez sur le feu jusqu'à ce que le sucre soit dissous avant de remettre le bœuf dans le wok. Ajoutez les nouilles et faites sauter le tout à feu vif. Quand le mélange est chaud, retirez-le du feu et incorporez la coriandre. Servez aussitôt.

Par portion lipides 20,6 g ; 618 kcal

ASTUCES

• Pour obtenir une viande plus parfumée, ajoutez dans l'eau de cuisson des piments, de l'ail et des feuilles de citronnier kaffir. Choisissez une viande pas trop grasse et baissez le feu dès les premiers bouillons. Une cuisson trop forte rendrait la viande trop ferme.

• Achetez les nouilles de riz fraîches sous vide dans les épiceries asiatiques. Si vous préférez les nouilles plus fines, réduisez le temps de trempage.

• Si les bulbes des oignons verts sont trop gros, coupez-les en tranches très fines.

Détaillez les bulbes des oignons en tranches très fines.

Séparez les nouilles quand elles sont encore chaudes.

Émincez le bœuf en vous aidant de deux fourchettes.

Calamars sautés au basilic

Pour 4 personnes

PRÉPARATION 20 MINUTES • CUISSON 10 MINUTES

1 kg de petits calamars
2 c. c. d'huile végétale
2 c. c. d'huile de sésame
2 gousses d'ail pilées
2 piments rouges frais émincés
2 poivrons rouges émincés
6 tiges d'oignon vert
coupées en tronçons de 2 cm
1 poignée de basilic thaï frais
60 ml de sauce de poisson
65 g de sucre de palme râpé
ou de sucre roux
1 c. s. de kecap manis

1 Nettoyez les calamars. Séparez les tentacules des corps. Recoupez les corps et les tentacules en deux. Rincez-les à l'eau froide et laissez égoutter dans une passoire.

2 Faites chauffer l'huile végétale dans un wok et saisissez les calamars à feu vif, en procédant en plusieurs fournées. Quand ils sont dorés et tendres, réservez-les au chaud dans un récipient couvert. Essuyez le wok avec du papier absorbant.

3 Faites chauffer l'huile de sésame dans le même wok et faites revenir à feu vif l'ail, les piments et les poivrons. Quand ils sont juste tendres, ajoutez les calamars et le reste des ingrédients. Prolongez la cuisson jusqu'à ce que le sucre soit dissous. Servez aussitôt.

Par portion lipides 6,4 g ; 250 kcal

ASTUCES

• Le basilic thaï présente des feuilles plus petites que celles du basilic commun et il possède un délicat arôme d'anis. On le trouve dans les épiceries asiatiques. Vous pouvez le remplacer par une variété plus courante.

• L'huile doit être très chaude pour que les calamars soient saisis. Dans le cas contraire, ils vont rendre de l'eau et seront moins savoureux.

• Le kecap manis est une sauce de soja indonésienne épaisse et sucrée. Vous la trouverez facilement en grande surface. Si vous la remplacez par une sauce de soja classique, ajoutez une cuillerée à soupe de sucre.

Coupez les tentacules des calamars pour les séparer des corps.

Détaillez les tiges d'oignon vert en tronçons réguliers.

Porc frit aux aubergines

Pour 4 personnes

PRÉPARATION 20 MINUTES • CUISSON 25 MINUTES

3 piments rouges frais coupés en deux
6 gousses d'ail coupées en quatre
1 oignon brun haché grossièrement
500 g d'aubergines
(très petites de préférence)
2 c. s. d'huile végétale
500 g de porc haché
1 c. s. de sauce de poisson
1 c. s. de sauce de soja
1 c. s. de sucre de palme râpé
ou de sucre roux
4 échalotes thaïes émincées
(ou 4 échalotes communes)
150 g de haricots verts coupés en deux
1 poignée de basilic thaï

1 Mixez les piments, l'ail et l'oignon. Coupez les aubergines en quatre dans la longueur puis recoupez chaque quartier en tronçons de 5 cm. Faites-les blanchir dans de l'eau bouillante salée, jusqu'à ce qu'elles soient juste tendres puis égouttez-les et laissez-les sécher sur du papier absorbant.

2 Faites chauffer l'huile dans un wok puis faites revenir les aubergines en plusieurs fois pour qu'elles dorent de toutes parts. Égouttez-les sur du papier absorbant.

3 Faites revenir le hachis de piment-oignon-ail dans le wok pendant 5 minutes. Quand il est bien doré, ajoutez la viande et faites-la colorer à feu vif en remuant sans cesse. Incorporez les sauces et le sucre et prolongez la cuisson jusqu'à ce que le sucre soit dissous. Ajoutez enfin les échalotes et les haricots. Continuez de remuer sur le feu jusqu'à ce que ces derniers soient cuits. Ils doivent rester légèrement croquants.

4 Remettez les aubergines dans le wok et mélangez. Quand elles sont bien chaudes, retirez le wok du feu et garnissez de feuilles de basilic. Servez aussitôt.

Par portion lipides 18,9 g ; 331 kcal

Coupez en morceaux l'ail, les piments et les oignons avant de les mixer.

Pelez les échalotes puis émincez-les en tranches très fines.

Coupez les aubergines en quatre puis recoupez-les en deux.

ASTUCES

• Cette recette très simple associe du porc, des aubergines, des herbes et des aromates. On la prépare en un tour de main et on peut la relever ou la parfumer à sa guise. Les aubergines thaïes, plus difficiles à se procurer (épiceries asiatiques exclusivement), ont été remplacées ici par des aubergines communes. Vous pouvez leur ôter la peau si vous ne la digérez pas.

• Inutile de faire dégorger les aubergines dans le sel car elles sont saisies dans le wok. Le peu de liquide qu'elles vont rendre empêchera la viande d'être trop sèche.

• C'est le mélange haché et frit de piment, d'ail et d'oignon qui donne à ce plat toute sa saveur. Il n'est pas nécessaire de hacher trop finement ces ingrédients.

• Les échalotes thaïes (en vente dans les épiceries asiatiques) ont un goût assez semblable à celui des échalotes communes. Vous pouvez donc les remplacer sans problème. On les trouve également marinées ou frites.

Crevettes sautées à la coriandre

Pour 4 personnes

PRÉPARATION 20 MINUTES • MARINADE 3 HEURES • CUISSON 5 MINUTES

1 kg de crevettes crues moyennes
1 pied de coriandre fraîche haché,
y compris la racine
2 c. c. de graines de coriandre séchées
1 c. c. de grains de poivre vert séchés
4 gousses d'ail coupées en quatre
2 c. s. d'huile végétale
80 g de germes de soja
1 c. s. de coriandre fraîche ciselée
1 c. s. d'échalote frite
1 c. s. d'ail frit
quelques feuilles de coriandre fraîche
pour décorer

1 Décortiquez les crevettes en gardant la queue intacte.

2 Pilez le pied de coriandre haché, les graines de coriandre, le poivre vert et l'ail dans un mortier. Mettez le tout dans un plat avec la moitié de l'huile puis ajoutez les crevettes et remuez pour les enrober de ce mélange. Laissez mariner au moins 3 heures au réfrigérateur.

3 Faites chauffer le reste d'huile dans un wok et faites revenir à feu vif les crevettes jusqu'à ce qu'elles soient cuites et bien roses. Retirez du feu et ajoutez les germes de soja, la coriandre ciselée, l'ail et l'échalote frits. Décorez de feuilles de coriandre et servez aussitôt.

Par portion lipides 11,2 g ; 215 kcal

ASTUCES

• Dans la version originale de cette recette, les crevettes sont cuites entières, avec les carapaces et les têtes. On peut aussi les accommoder avec du poivre blanc.

• Achetez le pied de coriandre frais dans les épiceries asiatiques. Réservez les feuilles pour la sauce et lavez tiges et racines avant de les hacher pour la garniture.

• Ail et échalote frits sont des ingrédients très importants dans la cuisine thaïe. Vous pouvez les acheter tout prêts dans les épiceries asiatiques, en petits flacons, mais ils seront meilleurs si vous les préparez vous-même. Émincez dans la longueur, en tranches très fines, au moins 1 tasse d'échalote ou d'ail puis faites-les frire dans de l'huile très chaude, dans une poêle ou dans un wok, en remuant sans cesse jusqu'à coloration. Dès que les tranches sont croustillantes et dorées, retirez-les de l'huile et égouttez-les sur du papier absorbant ; conservez-les dans un récipient hermétique.

Pilez dans un mortier le pied de coriandre, les graines de coriandre, le poivre et l'ail.

Vous trouverez de l'ail et de l'échalote frits dans les épiceries asiatiques.

Ciselez une partie de la coriandre et gardez les feuilles restantes.

Poulet sauté au basilic

Pour 4 personnes

PRÉPARATION 20 MINUTES • CUISSON 15 MINUTES

2 c. s. d'huile végétale
600 g de blanc de poulet émincé
2 gousses d'ail pilées
1 c. c. de gingembre frais râpé
4 piments rouges frais émincés
4 feuilles de citronnier kaffir
1 oignon brun
100 g de pleurotes coupés en quatre
1 carotte coupée en tranches fines
60 ml de sauce d'huîtres
1 c. s. de sauce de soja
1 c. s. de sauce de poisson
80 ml de bouillon de volaille (p. 118)
80 g de germes de soja
1 poignée de basilic frais

1 Faites chauffer la moitié de l'huile dans un wok et faites dorer le poulet en plusieurs fois jusqu'à ce qu'il soit juste cuit. Réservez-le ensuite au chaud.

2 Faites chauffer le reste de l'huile et faites revenir l'ail, le gingembre, les piments, les feuilles de kaffir et l'oignon jusqu'à ce que le mélange embaume. Ajoutez les champignons et la carotte et faites-les cuire à feu vif jusqu'à ce qu'ils soient tendres.

3 Remettez alors le poulet dans le wok avant d'incorporer les sauces et le bouillon. Continuez de faire cuire à feu vif pour que le mélange épaississe puis retirez du feu et ajoutez les germes de soja et les feuilles de basilic. Servez aussitôt.

Par portion lipides 18,2 g ; 346 kcal

ASTUCES

• Si vous n'aimez pas les saveurs trop puissantes, épépinez les piments avant de les émincer et réduisez leur quantité pour cette recette.
• Le basilic thaï présente des feuilles plus petites que celles du basilic commun et il possède un délicat arôme d'anis. On le trouve dans les épiceries asiatiques. Vous pouvez le remplacer par une variété plus courante.
• Le citron kaffir porte également le nom de combava. Ses feuilles sont largement utilisées dans la cuisine thaïe. Elles sont vendues fraîches dans les épiceries asiatiques. On peut les congeler dans de petits sacs alimentaires.

Roulez les feuilles de kaffir avant de les émincer avec un couteau tranchant.

Émincez les piments après avoir retiré les pépins si nécessaire.

Détachez délicatement les feuilles de basilic de leur tige.

Les fruits de mer

Boulettes de crevettes frites

Pour 4 personnes

PRÉPARATION 25 MINUTES • RÉFRIGÉRATION 30 MINUTES • CUISSON 10 MINUTES

1 kg de grosses crevettes cuites
5 oignons verts émincés
2 gousses d'ail pilées
4 piments rouges frais épépinés et émincés
1 c. c. de gingembre frais râpé
1 c. s. de Maïzena
2 c. c. de sauce de poisson
1 petite poignée de coriandre
finement ciselée
60 g de chapelure
de l'huile végétale pour la friture
80 ml de sauce au piment douce

1 Décortiques les crevettes en gardant la queue intacte et coupez-les en deux. Mixez-les grossièrement en donnant plusieurs impulsions. Ajoutez ensuite dans le bol du mixeur les oignons, l'ail, le piment, le gingembre, la Maïzena, la sauce de poisson et la coriandre. Mixez à nouveau.

2 Façonnez avec ce mélange de petites boulettes et roulez-les dans la chapelure. Disposez-les en une seule couche sur une plaque de cuisson, sans qu'elles se touchent, couvrez-les et mettez-les 30 minutes au réfrigérateur pour les faire raffermir.

3 Faites chauffer une grande quantité d'huile dans une sauteuse et faites frire les boulettes en plusieurs fois, jusqu'à ce qu'elles soient cuites et dorées. Égouttez-les sur du papier absorbant et servez-les chaudes avec la sauce au piment douce.

Par portion lipides 10,8 g ; 284 kcal

Décortiquez les crevettes en gardant la queue intacte.

Épépinez les piments avant de les hacher très finement.

ASTUCES

• Ces boulettes sont également délicieuses servies avec une sauce au concombre (p. 4).

• Ne raccourcissez pas le temps de réfrigération des boulettes car si elles ne sont pas assez fermes, elles risquent de se défaire à la cuisson.

• Vous pouvez conserver ces boulettes une nuit entière au réfrigérateur avant de les faire cuire.

• L'huile pour la friture doit être assez chaude pour que les boulettes soient saisies. Faites-les cuire en plusieurs fournées et retournez-les plusieurs fois pour qu'elles dorent uniformément. Gardez-les au chaud au four pendant que vous faites cuire les boulettes restantes.

• Vous pouvez réutiliser deux ou trois fois l'huile de friture. Quand elle a complètement refroidi, filtrez-la dans un tamis fin et gardez-la dans un récipient couvert, à l'abri de la lumière. Jetez-la dès qu'elle commence à noircir.

• Pour une recette plus légère, badigeonnez d'un peu d'huile ces boulettes et faites-les cuire au four ou sur une plaque en fonte, en les remuant souvent pour éviter qu'elles n'attachent.

Fruits de mer sautés au basilic

Pour 4 personnes

PRÉPARATION 25 MINUTES • CUISSON 10 MINUTES

**1 gros encornet vidé et nettoyé,
sans les tentacules
250 g de filet de poisson
12 crevettes moyennes crues
250 g de petits calamars
100 ml d'huile végétale
1 gousse d'ail pilée
2 piments rouges frais émincés
1 carotte coupée en bâtonnets
1 poivron rouge coupé en fines lanières
4 oignons verts émincés
1 c. s. de sauce de poisson
1 c. s. de sauce d'huîtres
1 c. s. de jus de citron vert
1 poignée de basilic thaï**

1 Incisez le corps de l'encornet en traçant de petits losanges puis coupez-le en carrés de 3 cm. Coupez le filet de poisson en cubes. Décortiquez les crevettes en gardant les queues. Séparez les têtes et les corps des petits calamars puis recoupez-les en deux. Rincez le tout à l'eau froide et égouttez. Essuyez les morceaux avec du papier absorbant.

2 Faites chauffer 1 cuillerée à soupe d'huile dans une sauteuse et faites revenir les fruits de mer en plusieurs fois. Les crevettes doivent être roses et le reste des ingrédients juste cuits. Réservez au chaud dans un récipient couvert.

3 Faites chauffer 1 autre cuillerée à soupe d'huile dans la même sauteuse et faites revenir l'ail, le piment et la carotte jusqu'à ce que celle-ci soit tendre. Ajoutez le poivron et faites-le cuire de la même manière. Remettez alors les fruits de mer dans la sauteuse avec les oignons, la sauce de poisson, la sauce d'huîtres et le jus de citron. Laissez sur le feu jusqu'à ce que le mélange soit chaud.

4 Faites chauffer le reste d'huile dans une autre sauteuse et faites frire les feuilles de basilic. Elles doivent être croustillantes mais rester bien vertes. Égouttez-les sur du papier absorbant et garnissez-en les fruits de mer. Servez aussitôt.

Par portion lipides 16,3 g ; 348 kcal

ASTUCES

• Vérifiez que l'huile soit assez chaude avant d'ajouter les fruits de mer et le poisson. Ils doivent cuire très rapidement. Surveillez la cuisson pour éviter que le filet de poisson ne se défasse.

• Essuyez parfaitement les feuilles de basilic avant de les faire frire. Si elles sont encore humides, elles feront baisser la température de l'huile et ne seront donc pas parfaitement frites. Surveillez attentivement la cuisson car elles peuvent noircir en quelques secondes. Retirez-les rapidement avec une pince pour éviter de les abîmer.

Incisez l'encornet en formant de petits losanges.

Séparez les têtes et les corps des petits calamars.

Faites frire les feuilles de basilic en plusieurs fois.

Moules au basilic et à la citronnelle

Pour 4 personnes

PRÉPARATION 20 MINUTES • CUISSON 10 MINUTES

1 kg de grosses moules
1 c. s. d'huile végétale
1 oignon brun finement haché
2 gousses d'ail pilées
1 tige de citronnelle émincée
2 piments rouges frais
250 ml de vin blanc sec
2 c. s. de jus de citron vert
2 c. s. de sauce de poisson
1 poignée de basilic frais
125 ml de lait de coco
2 oignons verts émincés

1 Grattez les moules et retirez les barbes. Rincez-les sous l'eau froide.
  Faites chauffer l'huile dans une cocotte et faites revenir l'oignon brun, l'ail, la citronnelle et un piment émincé très finement.

2 Quand le mélange embaume, versez le vin, le jus de citron et la sauce de poisson en remuant. Portez à ébullition avant d'ajouter les moules puis baissez le feu et couvrez. Laissez cuire 5 minutes jusqu'à ce qu'elles s'ouvrent. (Jetez celles qui sont restées fermées.)

3 Ciselez grossièrement la moitié du basilic et ajoutez-le dans la cocotte avec le lait de coco. Remettez sur le feu jusqu'à ce que le mélange soit chaud.

4 Répartissez les moules dans de grands bols, nappez de jus de cuisson et décorez avec les feuilles de basilic restantes, l'oignon de printemps émincé et le second piment épépiné et détaillé en lanières très fines.

Par portion lipides 12,2 g ; 209 kcal

ASTUCES

• Si les moules de bouchot peuvent convenir pour cette recette, il est préférable de la préparer avec des moules d'Espagne, plus grosses. Pendant la cuisson, secouez vivement la cocotte à plusieurs reprises pour que toutes les moules s'ouvrent.
• Achetez les moules le jour même et gardez-les au réfrigérateur dans un grand plat recouvert d'un torchon humide.
• Conservez le lait de coco non utilisé au réfrigérateur. Il peut se garder une semaine. Évitez toutefois de le congeler car il risque de cailler à la cuisson.

Grattez les moules avec un couteau pour nettoyer les coquilles.

Retirer les barbes en tirant fermement dessus.

Jetez toutes les moules qui sont restées fermées après la cuisson.

Poisson vapeur en feuilles de bananier

Pour 4 personnes

PRÉPARATION 25 MINUTES • MARINADE 1 HEURE • CUISSON 20 MINUTES

**4 petites perches de mer
ou 4 petites daurades entières vidées
et écaillées
1 grande feuille de bananier
4 piments rouges frais épépinés et émincés
2 feuilles de citronnier kaffir ciselées
2 oignons verts émincés
1 petit bouquet de coriandre
1 petit bouquet de basilic thaï
2 tiges de citronnelle
de la ficelle de cuisine**

Marinade au citron et au piment doux
**60 ml de sauce au piment douce
2 c. s. de sauce de poisson
2 c. s. de jus de citron vert
1 gousse d'ail pilée
1 c. c. de gingembre frais râpé**

Entaillez la chair des poissons des deux côtés.

Disposez deux bâtonnets de citronnelle en biais sur les feuilles de bananier.

Enveloppez les poissons dans les feuilles de bananier.

1 Préparez la marinade.

2 Entaillez en profondeur la chair des poissons sur les deux faces. Disposez-les ensuite dans un grand plat peu profond et nappez-les avec la moitié de la marinade en les retournant plusieurs fois. Réservez 1 heure au réfrigérateur. Pensez à les retourner au moins deux fois.

3 Coupez la feuille de bananier en quatre grands carrés. Plongez rapidement ces carrés un à un dans une grande casserole d'eau bouillante pour les assouplir. Rincez à l'eau froide et laissez égoutter sur du papier absorbant.

4 Étalez les carrés sur le plan de travail. Mélangez le piment, les feuilles de kaffir, les oignons verts, la coriandre et le basilic dans un récipient. Coupez les tiges de citronnelle en deux dans la longueur puis recoupez chaque moitié en deux tronçons. Vous devez obtenir 8 bâtonnets.

5 Disposez 2 bâtonnets de citronnelle sur chaque carré (voir illustration) et calez un poisson dessus. Recouvrez le poisson de mélange aux herbes (étape 4) puis rabattez dessus la feuille de bananier en la maintenant en place avec de la ficelle de cuisine.

6 Mettez les poissons dans un grand panier vapeur et faites-les cuire 15 minutes au-dessus d'une grande casserole d'eau frémissante. Retirez la ficelle de cuisine et déposez chaque poisson sur sa feuille dans les assiettes de service. Nappez avec le reste de marinade que vous aurez d'abord fait tiédir.

Marinade au citron et au piment doux Mélangez tous les ingrédients dans un bol.

Par portion lipides 22,1 g ; 408 kcal

ASTUCES
• Utilisez de préférence un panier vapeur en bambou. Les ustensiles en métal provoquent une condensation qui peut abîmer la chair délicate des poissons. Attention à ne pas laisser bouillir.
• Vous pouvez préparer cette recette avec des filets de poisson (retirez les arêtes avec une pince à épiler).
• Si vous ne trouvez pas de feuilles de bananier, du papier sulfurisé pourra faire l'affaire.

Darnes de saumon aux herbes et aux noix de cajou

Pour 4 personnes

PRÉPARATION 20 MINUTES • CUISSON 10 MINUTES

4 darnes de saumon
1 bonne pincée de fleur de sel
3 pommes vertes
2 oignons verts émincés
1 oignon rouge émincé
1 petit bouquet de menthe fraîche
1 petit bouquet de coriandre fraîche
125 ml de jus de citron vert
110 g de noix de cajou non salées

Assaisonnement
65 g de sucre de palme râpé
ou de sucre roux
2 c. s. de sauce de poisson
2 c. c. de gingembre frais râpé

1 Préparez l'assaisonnement.

2 Saupoudrez de fleur de sel les darnes de saumon puis faites-les cuire sur un gril en fonte préchauffé. Faites également griller à sec les noix de cajou.

3 Pendant la cuisson du poisson, détaillez la pomme en fins bâtonnets puis mettez-les dans un saladier avec les oignons, la menthe, la coriandre et le jus de citron. Ajoutez la moitié de l'assaisonnement et mélangez.

4 Présentez les darnes de saumon sur les assiettes de service, garnissez de mélange aux pommes et de noix de cajou grillées. Nappez avec le reste de l'assaisonnement et servez.

Assaisonnement Mélangez tous les ingrédients dans une petite casserole et portez à ébullition. Retirez du feu, passez dans un tamis fin et laissez refroidir à température ambiante.

Par portion lipides 24 g ; 481 kcal

ASTUCES

• Traditionnellement, ce plat se prépare avec de la mangue verte ou des jujubes mais ces fruits ne sont pas très faciles à se procurer en France.

• Remuez sans cesse les noix de cajou quand vous les faites griller à sec (sans matière grasse) pour éviter qu'elles ne brûlent.

• Le gril en fonte doit être très chaud pour que les darnes de saumon soient saisies. Il n'est pas nécessaire de huiler le gril car le saumon rendra un peu de graisse à la cuisson.

• Préparez l'assaisonnement au moins 30 minutes à l'avance pour qu'il ait le temps de refroidir. En revanche, les pommes seront épluchées et coupées au dernier car elles peuvent noircir à l'air.

Saupoudrez de fleur de sel les darnes de saumon.

Faites griller les noix de cajou en remuant sans cesse.

Passez l'assaisonnement dans un tamis fin avant de le faire refroidir.

Poisson poché
à la crème de coco et aux piments

Pour 4 personnes

PRÉPARATION 15 MINUTES • CUISSON 20 MINUTES

2 c. c. d'huile végétale
2 gousses d'ail pilées
1 c. c. de gingembre frais râpé
20 g de curcuma frais râpé
2 piments rouges frais émincés
375 ml de fumet de poisson (p. 118)
400 ml de crème de coco
20 g de galanga frais coupé en deux
1 tige de citronnelle coupée
en tronçons de 2 cm
4 filets de poisson blanc de 200 g chacun
2 c. s. de sauce de poisson
2 oignons verts en très fines tranches

1 Faites chauffer l'huile dans une sauteuse et faites revenir l'ail, le gingembre, le curcuma et le piment jusqu'à ce que le mélange embaume. Versez alors progressivement le fumet de poisson et la crème de coco puis ajoutez le galanga et la citronnelle. Portez à ébullition.

2 Dès les premiers bouillons, baissez le feu et faites pocher le poisson 8 minutes dans ce liquide, à couvert, jusqu'à ce qu'il soit cuit. Retirez du feu et ôtez les morceaux de galanga et de citronnelle.

3 Retirez délicatement les filets de poisson avec une écumoire et disposez-les dans un plat de service. Couvrez d'une feuille d'alu pour qu'ils restent chauds. Laissez bouillir à nouveau la sauce 5 minutes puis retirez-la du feu pour ajouter la sauce de poisson et l'oignon vert. Versez le mélange sur le poisson et servez aussitôt.

Par portion lipides 24,5 g ; 414 kcal

ASTUCES

• La crème de coco est le liquide qui flotte au-dessus du lait de coco après que la noix a été pressée. On laisse reposer au moins 20 minutes pour que la séparation s'opère. Elle est vendue pasteurisée en boîte (épiceries asiatiques). Son goût est plus profond que celui du lait de coco.

• Le curcuma est un rhizome de la famille du gingembre. On le trouve surtout séché et moulu mais vous pouvez vous en procurer du frais dans les épiceries asiatiques. Le curcuma rouge donne une belle couleur aux currys et aux sauces.

• Le galanga est un rhizome à chair blanche, dont la saveur est plus délicate que celle du gingembre. La peau peut être blanche ou rosée selon les variétés. On le trouve dans les épiceries asiatiques.

• Achetez de gros morceaux de curcuma, galanga et gingembre frais, coupez-les en morceaux et congelez-les pour en avoir toujours à portée de main.

Utilisez des gants de cuisine pour manipuler le curcuma car il tache beaucoup.

Inutile de râper le galanga puisqu'il sera retiré de la sauce après la cuisson.

Ne couvrez pas le poisson pendant la cuisson pour éviter qu'il ne se défasse.

Riz et nouilles

gluant

jasmin

noir

Les riz thaïs

Le riz est un élément fondamental de la cuisine thaïe et de la culture locale, donnant lieu à plusieurs cérémonies. À table, le riz, servi dans de petits bols, apparaît comme l'élément principal autour duquel s'articulent les autres mets, aussi raffinés et complexes qu'ils puissent être. C'est d'ailleurs le même mot, *kao*, qui désigne le riz et la nourriture. On trouve trois grandes variétés de riz dans la cuisine thaïe : le riz blanc gluant, le riz jasmin et le riz noir.

Le riz gluant

C'est le riz antique du Siam. Aujourd'hui il est surtout consommé dans le Nord et le Nord-Est de la Thaïlande où il constitue la base de l'alimentation. Cuit, il forme de petits paquets agglutinés qui se mangent traditionnellement avec les doigts. Les grains sont courts et d'un blanc légèrement cassé.

Il doit être plongé plusieurs heures dans l'eau et rincé abondamment avant la cuisson. Ce trempage prolongé ne convient pas à d'autres variétés, comme le riz jasmin.

Pour 4 personnes

TREMPAGE 12 HEURES
PREPARATION 10 MINUTES
CUISSON 25 MINUTES

1 La veille, rincez abondamment 400 g de riz gluant jusqu'à ce que l'eau soit très claire puis mettez-le dans un récipient et couvrez d'eau froide. Laissez tremper toute la nuit.

2 Égouttez le riz après l'avoir rincé une dernière fois. Garnissez de mousseline un panier vapeur (de préférence en bambou) et versez le riz dedans pour former un monticule. Couvrez. Faites-le cuire au moins 25 minutes au-dessus d'une casserole d'eau bouillante, sans retirer le couvercle. Le riz est cuit quand il est tendre au centre du monticule.

Par portion lipides 0,5 g ; 351 kcal

Le riz jasmin

C'est le préféré des Thaïlandais, cultivé et consommé surtout dans les plaines centrales du pays. Son grain allongé dégage une saveur délicate. Il est parfois utilisé à la place du riz basmati dans la cuisine indienne car il a su s'imposer, au fil des ans, au-delà des frontières de la Thaïlande. On évitera de le saler pendant la cuisson pour ne pas « casser » son goût subtil. Le sel n'est d'ailleurs pas indispensable car le riz jasmin accompagne toujours des mets aux saveurs très développées.

Pour 4 personnes

TREMPAGE 1 HEURE
PREPARATION 12 MINUTES
CUISSON 10 MINUTES

1 Mélangez 400 g de riz jasmin et 1 litre d'eau dans une casserole à fond épais. Portez à ébullition en remuant de temps en temps (délicatement pour ne pas briser les grains).

2 Baissez le feu, couvrez et laissez cuire 12 minutes à l'étouffée, sans remuer. Toute l'eau doit être absorbée. Retirez du feu et laissez reposer 10 minutes à couvert avant de servir.

Par portion lipides 0,5 g ; 351 kcal

Le riz noir

Noir quand il est cru, il vire au rouge sombre pendant la cuisson. C'est un riz complet dont l'enveloppe sombre cache un grain moyen de couleur crème. Il offre un léger goût de noisette. Comme le riz gluant, il doit être trempé toute une nuit avant la cuisson. Il se prépare surtout en dessert.

Pour 4 personnes

TREMPAGE 12 HEURES
PREPARATION 10 MINUTES
CUISSON 25 MINUTES

1 La veille, rincez abondamment 400 g de riz gluant jusqu'à ce que l'eau soit très claire puis mettez-le dans un récipient et couvrez d'eau froide. Laissez tremper toute la nuit.

2 Rincez une dernière fois le riz avant de le mettre dans une casserole d'eau. Faites-le bouillir 25 minutes, jusqu'à ce qu'il soit cuit. Égouttez-le et laissez-le reposer 10 minutes à couvert avant de le servir ou de l'accommoder pour un dessert.

Par portion lipides 0,6 g ; 201 kcal

Riz jaune au lait de coco

Pour 4 personnes

TREMPAGE 30 MINUTES • PRÉPARATION 5 MINUTES • CUISSON 15 MINUTES

350 g de riz jasmin
310 ml d'eau
400 ml de crème de coco
1/2 c. c. de sel
1 c. c. de sucre roux
1/2 c. c. de curcuma moulu
1 pincée de filaments de safran

1 Faites tremper le riz 30 minutes dans un grand volume d'eau froide. Rincez-le ensuite abondamment jusqu'à ce que l'eau soit très claire. Égouttez-le.

2 Mettez le riz et le reste des ingrédients dans une casserole, couvrez et portez à ébullition en remuant régulièrement. Dès les premiers bouillons, baissez le feu et laissez frémir 15 minutes sans remuer. Quand le riz est juste cuit, retirez du feu et laissez reposer 10 minutes sans ôter le couvercle.

Par portion lipides 21,1 g ; 518 kcal

ASTUCES

• Dans le Sud de la Thaïlande, cette recette se prépare avec du curcuma frais (pour cette recette, comptez 1 cuillerée à café de curcuma râpé). Il se marie avec les plats très épicés, la douceur du lait de coco atténuant la force des piments.

• Le safran est une épice très chère mais sa saveur délicate et parfumée est bien mise en valeur ici. Choisissez un safran d'excellente qualité, avec des filaments longs et très colorés.

• Pour faire tremper le riz, vous pouvez le verser directement dans une passoire et mettre celle-ci dans l'eau. Remuez régulièrement puis retirez la passoire de l'eau et rincez abondamment le riz sous le robinet.

• La crème de coco est le liquide qui flotte au-dessus du lait de coco après que la noix a été pressée. On laisse reposer au moins 20 minutes pour que la séparation s'opère. La crème de coco est vendue pasteurisée en boîte (épiceries asiatiques). Son goût est plus profond que celui du lait de coco.

Faites tremper le riz dans l'eau froide avant de le faire cuire.

Ajoutez le safran au début de la cuisson du riz.

Aérez délicatement le riz à la fourchette pour que les grains ne collent pas.

Riz sauté au poulet et au basilic

Pour 4 personnes

PRÉPARATION 15 MINUTES • CUISSON 10 MINUTES

60 ml d'huile végétale
1 oignon brun finement haché
2 gousses d'ail pilées
2 piments verts frais épépinés et émincés
1 c. s. de sucre roux
500 g de blanc de poulet coupé en dés
2 poivrons rouges épépinés
et détaillés en fines lamelles
200 g de haricots verts coupés en deux
800 g de riz jasmin cuit (p. 67)
2 c. s. de sauce de poisson
2 c. s. de sauce de soja
1 petit bouquet de basilic

1 Faites chauffer l'huile dans un wok et faites revenir l'oignon, l'ail et le piment. Ajoutez ensuite le sucre et poursuivez la cuisson à feu vif pour qu'il soit dissous. Incorporez les dés de poulet et faites-les brunir avant d'ajouter les poivrons et les haricots. Prolongez la cuisson jusqu'à ce que les légumes et la viande soient cuits.

2 Incorporez le riz et les sauces. Remuez et laissez sur le feu jusqu'à ce que le mélange soit chaud. Décorez de feuilles de basilic et servez.

Par portion lipides 21,7 g ; 459 kcal

ASTUCES

• Pour réussir le riz sauté, il faut que les grains cuits soient fermes. Faites cuire la veille la quantité nécessaire puis laissez-le refroidir à température ambiante. Quand il est froid, étalez-le sur un plateau garni de papier sulfurisé, couvrez de papier absorbant et mettez au réfrigérateur. En cuisant dans le wok, le riz sera saisi, avec une consistance légèrement croquante.

• Cette recette peut également se préparer avec du riz congelé. Faites-le dégeler partiellement puis étalez-le entre deux couches de papier absorbant pour qu'il s'égoutte bien avant la cuisson.

• Versez le riz dans le wok en quatre fois. Si vous le faites cuire en une seule fois, le mélange ne sera pas assez chaud et le riz ne pourra pas être parfaitement saisi.

• Cette recette doit cuire en un minimum de temps. Il faut donc veiller à ce que tous les ingrédients soient prêts quand vous commencez la cuisson.

• Versez les sauces dans le wok en les faisant couler le long de la paroi plutôt qu'au centre : elles seront ainsi presque à ébullition au moment d'être mélangées avec le reste des ingrédients.

Étalez le riz sur du papier sulfurisé pour le faire raffermir au réfrigérateur.

Détaillez les piments en petits morceaux sans les épépiner.

Ajoutez le basilic hors du feu pour éviter qu'il ne perde sa saveur en cuisant.

Omelette fourrée au riz sauté et crabe

Pour 4 personnes

PRÉPARATION 15 MINUTES • CUISSON 25 MINUTES

60 ml d'huile végétale
4 oignons verts coupés en tranches fines
2 piments rouges frais émincés
1 c. s. de pâte de curry rouge (p. 112)
400 g de riz jasmin cuit (p. 67)
250 g de chair de crabe fraîche
2 c. s. de jus de citron vert
2 c. s. de sauce de poisson
8 œufs
1 citron vert coupé en quatre (facultatif)

1 Faites chauffer 1 cuillerée à soupe d'huile dans un wok et faites revenir l'oignon et le piment. Quand l'oignon a bruni, ajoutez la pâte de curry et laissez chauffer en remuant jusqu'à ce qu'elle embaume.

2 Incorporez le riz et continuez la cuisson à feu vif pour qu'il soit chaud et presque croquant. Retirez du feu et transférez le mélange dans un récipient avant d'ajouter la chair de crabe, le jus de citron et la sauce de poisson. Remuez.

3 Battez les œufs en ajoutant 2 cuillerées à soupe d'eau froide. Faites chauffer un quart de l'huile restante dans le wok nettoyé et versez-y un quart des œufs battus. Inclinez le wok en tous sens pour étaler les œufs. Quand l'omelette est cuite sur une face, retournez-la. Garnissez-la avec un quart du riz au crabe puis rabattez les côtés pour former un petit coussin bien clos. Retournez-la plusieurs fois pour qu'elle dore sur toutes les faces. Réservez au chaud pendant que vous préparez trois autres omelettes garnies avec le reste des ingrédients.

4 Au moment de servir, réchauffez très rapidement les omelettes dans le wok puis présentez-les sur des assiettes avec un quartier de citron.

Par omelette lipides 26,3 g ; 382 kcal

ASTUCES

• Vous pouvez remplacer la chair de crabe par de petites crevettes cuites décortiquées et grossièrement hachées.
• Si vous trouvez la pâte de curry rouge trop relevée, remplacez-la par une pâte de curry jaune ou panang (p. 113). Toutes deux se marient bien avec les fruits de mer.
• Pour réussir le riz sauté, respectez les indications données précédemment (Astuces p. 71).

Ajoutez le riz en petites quantités dans le wok pour qu'il soit saisi.

Étalez le riz au centre de l'omelette avant de rabattre les côtés.

Faites dorer l'omelette sur l'autre face.

Nouilles chiang mai

Pour 4 personnes

PRÉPARATION 20 MINUTES • CUISSON 20 MINUTES

de l'huile végétale pour la friture
500 g de nouilles fraîches aux œufs
1 oignon brun émincé
2 oignons verts émincés
1 poignée de feuilles de coriandre entières
75 g de pâte de curry rouge (p. 112)
2 gousses d'ail pilées
1 pincée de curcuma moulu
500 ml d'eau
400 ml de lait de coco
500 g de blanc de poulet émincé
60 ml de sauce de poisson
1 c. s. de sauce de soja
2 c. s. de sucre de palme râpé
ou de sucre roux
2 c. c. de jus de citron vert
2 c. s. de feuilles de coriandre ciselées
1 piment rouge frais épépiné et émincé

1 Faites chauffer l'huile dans un wok et faites frire 100 g de nouilles en plusieurs tournées jusqu'à ce qu'elles croustillent. Égouttez-les sur du papier absorbant.

2 Faites frire l'oignon brun dans la même huile très chaude jusqu'à ce qu'il soit doré et croustillant. Égouttez-le sur du papier absorbant puis mettez-le dans un saladier avec les nouilles, l'oignon vert et les feuilles de coriandre. Jetez l'huile du wok et nettoyez ce dernier.

3 Faites chauffer la pâte de curry, l'ail et le curcuma dans le wok jusqu'à ce que le mélange embaume. Versez progressivement l'eau et le lait de coco. Quand le mélange a bouilli, baissez le feu et laissez frémir 2 minutes en remuant sans cesse. Ajoutez le poulet émincé et laissez-le cuire 5 minutes, sans cesser de remuer. Incorporez la sauce de poisson, la sauce de soja, le sucre de palme et le jus de citron. Quand le sucre est dissous, ajoutez la coriandre ciselée.

4 Mettez le reste des nouilles dans un récipient résistant à la chaleur, couvrez d'eau bouillante et laissez reposer quelques secondes pour qu'elles s'assouplissent. Séparez-les délicatement à la fourchette puis égouttez-les. Répartissez-les dans quatre bols puis ajoutez le poulet avec son liquide de cuisson. Garnissez de nouilles et d'oignon frit ; décorez de lamelles de piment. Servez aussitôt pour éviter que les nouilles frites ne soient trop détrempées.

Par portion lipides 33,5 g ; 802 kcal

Faites frire une petite quantité de nouilles dans de l'huile chaude.

Mélangez les nouilles frites, les oignons et la coriandre dans un saladier.

Couvrez les nouilles d'eau bouillante puis séparez les nouilles à la fourchette.

ASTUCES

• Cette recette originaire du Nord de la Thaïlande marie avec bonheur des nouilles croustillantes et des nouilles cuites à l'eau. Prenez garde de n'ajouter les nouilles frites qu'au moment de servir pour éviter qu'elles ne soient détrempées par le bouillon.

• Choisissez pour cette recette des nouilles longues très fines, fraîches de préférence (en vente dans les épiceries asiatiques). À défaut, utilisez des nouilles sèches, faites-les cuire dans l'eau bouillante puis laissez-les égoutter suffisamment longtemps pour qu'elles soient presque sèches avant de les faire frire.

• Vous pouvez préparer les nouilles et les oignons frits quelques heures à l'avance. Gardez-les dans un récipient hermétique mais ne les mettez surtout pas au réfrigérateur.

Nouilles fraîches sautées au poulet et au bok choy

Pour 4 personnes

PRÉPARATION 15 MINUTES • CUISSON 15 MINUTES

1 kg de nouilles de riz fraîches
2 c. c. d'huile de sésame
2 gousses d'ail pilées
2 piments rouges frais émincés
600 g de blanc de poulet coupé en dés
250 g de mini-bok choy coupé en quatre
dans la hauteur
4 oignons verts émincés
2 c. s. de kecap manis (sauce de soja sucrée)
1 c. s. de sauce d'huîtres
1 c. s. de sucre de palme râpé
ou de sucre roux
1 poignée de coriandre fraîche ciselée
1 c. s. d'oignon frit

1 Mettez les nouilles dans un récipient résistant à la chaleur, couvrez-les d'eau bouillante et remuez-les délicatement à la fourchette pour les séparer. Égouttez-les.

2 Faites chauffer l'huile dans un wok et faites revenir l'ail et le piment puis ajoutez le poulet. Quand la viande est dorée de toutes parts, mettez le bok choy et l'oignon vert dans le wok. Prolongez la cuisson jusqu'à ce que la viande soit à votre convenance. Le bok choy doit rester légèrement croquant.

3 Incorporez les nouilles puis les sauces et le sucre. Laissez cuire à feu vif jusqu'à ce que le mélange soit chaud. Retirez du feu pour ajouter la coriandre et remuez. Répartissez les nouilles dans des bols à soupe et saupoudrez d'oignon frit au moment de servir.

Par portion lipides 14,6 g ; 520 kcal

Coupez les bok choy en quatre puis lavez-les en écartant les feuilles.

Faites tremper les nouilles dans l'eau bouillante pour les séparer facilement.

Mélangez délicatement les nouilles pour éviter qu'elles ne se brisent.

ASTUCES

• Cette recette est un grand classique en Thaïlande où on la trouve dans toutes les échoppes et sur les étals des marchés. Pour la préparer, préférez des nouilles de riz fraîches larges ou achetez des feuilles de pâte que vous découperez en rubans assez larges.

• Les nouilles de riz fraîches sont généralement vendues sous vide dans les épiceries asiatiques. Elles ne nécessitent pas de cuisson mais doivent être trempées rapidement dans de l'eau bouillante pour être séparées plus facilement.

• Le kecap manis est une sauce de soja indonésienne épaisse et sucrée. Vous la trouverez facilement en grande surface. Si vous la remplacez par une sauce de soja classique, aménagez la recette en y ajoutant une cuillerée à soupe de sucre de palme ou de sucre roux.

• L'oignon frit est un ingrédient très important dans la cuisine thaïe. Vous pouvez l'acheter tout prêt dans les épiceries asiatiques, en petits flacons, mais il sera meilleur si vous le préparez vous-même. Émincez dans la longueur, en tranches très fines, au moins 1 tasse d'oignon brun puis faites-le frire dans de l'huile chaude, dans une poêle ou dans un wok, en remuant sans cesse jusqu'à coloration. Dès que les tranches sont croustillantes et dorées, retirez-les de l'huile et égouttez-les sur du papier absorbant ; conservez-les dans un récipient hermétique.

Pad thaï

Pour 4 personnes

PRÉPARATION 50 MINUTES • CUISSON 10 MINUTES

40 g de pulpe de tamarin
125 ml d'eau bouillante
2 c. s. de sucre de palme râpé
ou de sucre roux
80 ml de sauce au piment douce
80 ml de sauce de poisson
375 g de nouilles de riz fraîches
12 crevettes moyennes crues
2 gousses d'ail pilées
2 c. s. de radis blanc salé émincé
2 c. s. de crevettes séchées
1 c. s. de gingembre frais râpé
2 piments rouges frais épépinées et émincés
1 c. c. d'huile végétale
250 g de porc émincé
3 œufs légèrement battus
160 g de pousses de soja
4 tiges d'oignon vert émincées
1 poignée de coriandre fraîche
35 g de cacahuètes rôties
1 citron vert coupé en quatre

Pressez la pulpe de tamarin dans un tamis fin avec le dos d'une cuillère.

Détaillez le radis blanc salé en très petits morceaux.

Pilez les condiments dans un mortier pour obtenir une pâte grossière.

1 Laissez tremper le tamarin 30 minutes dans l'eau bouillante. Passez-la ensuite dans un tamis fin en pressant le mélange avec le dos d'une cuillère pour récupérer le maximum de pulpe. Jetez les éléments solides restés dans le tamis. Réservez l'eau de tamarin.

2 Mélangez le sucre, la sauce au piment et la sauce de poisson dans un petit bol. Ajoutez l'eau de tamarin.

3 Mettez les nouilles dans un récipient, couvrez-les d'eau bouillante et laissez reposer jusqu'à ce qu'elles soient souples. Égouttez-les.

4 Décortiquez les crevettes en gardant les queues.

5 Mixez ou pilez dans un mortier l'ail, le radis blanc salé, les crevettes séchées, le gingembre et le piment pour obtenir une pâte épaisse.

6 Faites chauffer l'huile dans un wok et faites chauffer ce mélange jusqu'à ce qu'il embaume. Ajoutez le porc et faites-le brunir de toutes parts. Faites cuire ensuite les crevettes jusqu'à ce qu'elles changent de couleur puis versez les œufs battus sans cesser de remuer. Quand ces derniers ont pris, incorporez les nouilles, la sauce préparée avec l'eau de tamarin, les pousses de soja et la moitié des tiges d'oignon vert. Mélangez bien pour que la préparation soit uniformément chaude puis retirez le wok du feu avant d'ajouter le reste des tiges d'oignon vert, la coriandre et les cacahuètes grossièrement concassées. Servez avec les quartiers de citron vert.

Par portion lipides 19,7 g ; 615 kcal

ASTUCES

• Le pad thaï doit cuire très rapidement. Prenez soin de découper tous les ingrédients à l'avance, par exemple dès que vous avez mis à tremper la pulpe de tamarin.

• Vous trouverez des crevettes séchées dans les magasins exotiques. Choisissez celles qui sont d'un rouge profond, de préférence dans une boutique bien approvisionnée et très fréquentée, dont les stocks sont renouvelés souvent.

• Le tamarin est un fruit tropical très acide qui ressemble à un gros haricot. Il est vendu séché (très souvent compressé en petits blocs) et doit être réhydraté dans de l'eau bouillante. On filtre ensuite le liquide obtenu en le pressant dans un tamis pour extraire le maximum de pulpe.

• Le radis blanc salé est un condiment vendu en bocaux dans les épiceries asiatiques. Coupé en gros morceaux, le radis blanc ou daikon est conservé dans une saumure à base de gros sel et de sucre de palme.

Nouilles craquantes

Pour 4 personnes

PRÉPARATION 35 MINUTES • CUISSON 20 MINUTES

150 g de tofu frais
de l'huile végétale pour la friture
125 g de vermicelles de riz
2 c. s. d'huile d'arachide
2 œufs légèrement battus
2 gousses d'ail pilées
2 piments rouges frais émincés
1 piment vert frais émincé
2 c. s. de sucre de palme râpé
ou de sucre roux
2 c. s. de sauce de poisson
2 c. s. de sauce tomate
1 c. s. de vinaigre de riz
200 g de filet de porc émincé
200 g de crevettes cuites décortiquées
et coupées en petits morceaux
6 tiges d'oignon vert émincées
1 poignée de coriandre fraîche

1 Détaillez le tofu en cubes de 1 cm puis faites-le égoutter 10 minutes dans un récipient, entre deux couches de papier absorbant.

2 Faites chauffer l'huile végétale dans un wok ou dans une sauteuse et faites frire le vermicelle en plusieurs fois jusqu'à ce qu'il croustille. Égouttez-le sur du papier absorbant.

3 Dans le même récipient, faites frire le tofu pour qu'il dore de toutes parts puis égouttez-le sur du papier absorbant. Jetez l'huile et rincez le wok.

4 Faites chauffer la moitié de l'huile d'arachide dans le wok et versez la moitié des œufs. Inclinez le wok en tous sens pour former une omelette très fine. Quand elle a pris, retournez-la et faites-la cuire rapidement de l'autre côté. Faites-la glisser sur une assiette et faites cuire de même le reste des œufs. Quand elles ont refroidi, roulez les deux omelettes puis détaillez-les en tranches fines.

5 Mélangez l'ail, les piments, le sucre, les sauces et le vinaigre dans un bol. Fouettez le tout puis réservez-en la moitié dans un récipient. Mettez l'autre moitié dans un plat avec le porc émincé.

6 Faites chauffer le reste d'huile d'arachide dans le wok et faites dorer la viande 5 minutes puis ajoutez les crevettes et laissez cuire encore 1 minute. Incorporez le tofu et mélangez sur le feu pour qu'il soit très chaud.

7 Retirez le wok du feu avant d'ajouter la sauce réservée et la moitié des oignons. Mélangez. Répartissez cette préparation dans de grands bols avant de garnir avec les tranches d'omelette, les vermicelles croustillants, le reste des oignons et la coriandre. Servez aussitôt.

Par portion lipides 23,2 g ; 481 kcal

Faites frire les vermicelles en petites quantités pour qu'ils gonflent bien.

Inclinez le wok en tous sens pour obtenir une omelette très fine.

Roulez les omelettes puis détaillez-les en petits tronçons.

ASTUCES

• Mélangez tous les ingrédients au dernier moment dans les bols pour éviter que les vermicelles ne soient détrempés par la sauce.

• Prenez garde aux éclaboussures quand vous plongez les vermicelles dans l'huile chaude. Les vermicelles vont gonfler très vite ; retirez-les aussitôt avec une pince.

Plats végétariens

Tofu sauté au piment et à la coriandre

Pour 4 personnes

PRÉPARATION 20 MINUTES • ÉGOUTTAGE 20 MINUTES • CUISSON 10 MINUTES

900 g de tofu frais égoutté
de l'huile végétale pour la friture
1 oignon rouge finement haché
1 poignée de coriandre fraîche
1 c. s. de citronnelle émincée
2 piments rouges frais émincés
2 c. s. de jus de citron vert
1 c. c. de sucre de palme râpé
ou de sucre roux
1 c. s. de sauce de soja
1/2 c. c. de sauce au piment douce
8 feuilles de chou chinois
pour la présentation

1 Tamponnez le tofu avec du papier absorbant puis coupez-le en petits cubes. Laissez-le égoutter 20 minutes entre deux couches de papier absorbant, en l'étalant sur un plateau.

2 Faites chauffer l'huile dans un wok et faites frire le tofu en plusieurs fois pour qu'il dore de toutes parts. Égouttez-le sur du papier absorbant.

3 Mettez-le dans un saladier avec l'oignon, la coriandre ciselée, la citronnelle et le piment. Fouettez dans un bol le jus de citron, le sucre, la sauce de soja et la sauce au piment puis versez cet assaisonnement sur le tofu et mélangez. Formez de petites coupes avec les feuilles de chou et servez le tofu frit dedans.

Par portion lipides 27,7 g ; 392 kcal

ASTUCES

• Cette recette peut aussi se préparer avec du poulet, du bœuf ou du porc détaillé en très fines lamelles.

• Le tofu doit être bien égoutté pour qu'il puisse cuire rapidement. Dans le cas contraire, il rendrait trop d'eau. Si vous disposez d'un peu de temps, mettez-le dans un tamis fin garni de papier absorbant et laissez-le égoutter au moins 3 heures.

• Utilisez de l'huile d'arachide pour la friture car elle n'a pas un goût très prononcé, contrairement à l'huile de sésame, par exemple. Après emploi, filtrez-la et réservez-la dans un bocal en verre. Vous pouvez l'utiliser au moins trois fois. Jetez-la quand elle commence à noircir.

• Prenez garde aux éclaboussures quand vous faites frire le tofu. Procédez par petites quantités pour qu'il n'y ait pas trop de projections.

Coupez le tofu en très petits dés avant de l'égoutter sur du papier absorbant.

N'utilisez que la partie blanche de la citronnelle, plus tendre que la partie verte.

Faites frire le tofu en plusieurs fois pour qu'il dore.

Pad thaï végétarien

Pour 4 personnes

PRÉPARATION 20 MINUTES • CUISSON 10 MINUTES

200 g de nouilles de riz fraîches
2 gousses d'ail pilées
2 c. s. de radis blanc salé émincé
2 piments rouges frais épépinés et émincés
60 ml d'huile végétale
2 œufs légèrement battus
90 g d'oignon frit
125 g de tofu frit coupé en fines lamelles
35 g de cacahuètes grillées
pilées grossièrement
240 g de pousses de soja
6 tiges d'oignon vert émincées
2 c. s. de sauce de soja
1 c. s. de jus de citron vert
2 c. s. de coriandre fraîche finement ciselée

1   Mettez les nouilles dans un saladier, couvrez d'eau bouillante et laissez tremper quelques minutes. Quand elles sont souples, séparez-les à la fourchette puis égouttez-les.

2   Pilez l'ail, le radis blanc et les piments dans un mortier pour obtenir une pâte épaisse.

3   Faites chauffer 2 cuillerées à café d'huile dans un wok, versez les œufs battus et inclinez le wok en tous sens pour obtenir une omelette très fine. Faites-la cuire jusqu'à ce que les bords soient dorés puis retournez-la et laissez-la cuire sur l'autre côté. Faites-la glisser sur une assiette, roulez-la et coupez-la en petits tronçons.

4   Faites chauffer le reste d'huile dans le wok et faites revenir la pâte au piment avec les oignons frits, jusqu'à ce que le mélange embaume. Ajoutez le tofu et réchauffez-le 1 minute à feu vif puis incorporez la moitié des noix, des germes de soja et des tiges d'oignon vert. Remuez sur le feu jusqu'à ce que les oignons verts soient juste flétris. Incorporez enfin les nouilles, la sauce de soja et le jus de citron. Réchauffez le tout à feu vif puis retirez le wok du feu. Répartissez le pad thaï dans des bols, garnissez-le avec le reste des cacahuètes, des germes de soja et des tiges d'oignon vert. Décorez de rubans d'omelette et de coriandre ciselée ; servez aussitôt avec des quartiers de citron vert.

Par portion lipides 27 g ; 433 kcal

Inclinez le wok en tous sens pour obtenir une omelette très fine.

Coupez le tofu frit en cubes avant de le réchauffer dans le wok.

Détaillez le radis blanc salé en petits morceaux après l'avoir égoutté.

ASTUCES

• Le radis blanc salé est un condiment vendu en bocaux dans les épiceries asiatiques. Coupé en gros morceaux, le radis blanc ou daikon est conservé dans une saumure à base de gros sel et de sucre de palme.

• L'oignon frit est un ingrédient très important dans la cuisine thaïe. Vous pouvez l'acheter tout prêt dans les épiceries asiatiques, en petits flacons, mais il sera meilleur si vous le préparez vous-même. Émincez dans la longueur, en tranches très fines, au moins 1 tasse d'oignon brun puis faites-le frire dans de l'huile très chaude, dans une poêle ou dans un wok, en remuant sans cesse jusqu'à coloration. Dès que les tranches sont croustillantes et dorées, retirez-les de l'huile et égouttez-les sur du papier absorbant ; conservez-les dans un récipient hermétique.

Légumes sautés

Pour 4 personnes

PRÉPARATION 20 MINUTES • CUISSON 10 MINUTES

1 c. c. d'huile végétale
2 gousses d'ail pilées
1 c. c. de curcuma moulu
1 pied de coriandre émincé,
y compris la racine
4 oignons verts émincés
500 g de chou-fleur
détaillé en petits bouquets
60 ml d'eau
200 g de haricots verts coupés en deux
200 g de choy sum coupé grossièrement
1 c. s. de jus de citron vert
1 c. s. de sauce de soja
quelques feuilles de coriandre ciselées

1 Faites chauffer l'huile dans un wok et faites cuire l'ail, le curcuma, le pied de coriandre et les oignons verts. Quand les oignons sont tendres, retirez le mélange du wok et réservez au chaud.

2 Mettez le chou-fleur et l'eau dans le wok ; laissez-le cuire jusqu'à ce qu'il soit tendre. Ajoutez les haricots et le choy sum. Prolongez la cuisson jusqu'à ce qu'ils soient à votre convenance. Les haricots doivent rester légèrement croquants.

3 Ajoutez le jus de citron, la sauce de soja, la coriandre et le mélange aux oignons réservé. Remuez délicatement et servez.

Par portion lipides 5,4 g ; 385 kcal

ASTUCES

• Achetez le pied de coriandre dans les épiceries asiatiques. Réservez les feuilles pour la sauce et lavez tiges et racines avant de les hacher pour la garniture.

• Le choy sum est une variété de chou chinois. Ses feuilles sont longues, d'un vert soutenu, et se terminent par des boutons floraux. Les tiges se mangent également. Il est aussi bon cuit à la vapeur que sauté avec d'autres ingrédients.

Coupez les tiges du choy sum en tronçons et ciselez grossièrement les feuilles.

Roulez le citron sur le plan de travail pour en extraire le maximum de jus.

Aubergines sautées aux brocolis chinois

Pour 4 personnes

PRÉPARATION 45 MINUTES • CUISSON 15 MINUTES

1 belle aubergine (400 g)
300 g de tofu ferme
1 oignon brun
2 c. s. d'huile végétale
1 gousse d'ail pilée
2 piments rouges frais émincés
1 c. s. de sucre de palme râpé
ou de sucre roux
850 g de brocolis chinois
coupés grossièrement
2 c. s. de jus de citron vert
80 ml de sauce de soja
quelques feuilles de basilic thaï ciselées

1 Coupez l'aubergine en tranches très fines dans la longueur, sans ôter la peau, puis recoupez chaque tranche en deux. Mettez-les dans une passoire, saupoudrez de gros sel et laissez dégorger 30 minutes.

2 Tamponnez délicatement le tofu avec du papier absorbant puis coupez-le en dés. Faites-le égoutter 10 minutes entre deux couches de papier absorbant, dans une assiette.

3 Coupez l'oignon en deux puis recoupez chaque moitié en fins quartiers. Rincez les tranches d'aubergine et essuyez-les avec du papier absorbant.

4 Faites chauffer l'huile dans un wok et faites revenir l'oignon, l'ail et le piment. Quand l'oignon est tendre, ajoutez le sucre et remuez puis faites revenir les tranches d'aubergine pendant 1 minute. Ajoutez les brocolis chinois, puis le tofu, le jus de citron et la sauce de soja. Quand le mélange est chaud, retirez du feu et incorporez le basilic. Servez aussitôt.

Par portion lipides 15,2 g ; 256 kcal

ASTUCES

• Le tofu doit être très bien égoutté pour qu'il puisse cuire très rapidement. Dans le cas contraire, il rendrait trop d'eau. Si vous disposez d'un peu de temps, mettez-le dans un tamis fin garni de papier absorbant et laissez-le égoutter au moins 3 heures.

• Ce plat doit cuire très rapidement. Il est donc indispensable de préparer tous les ingrédients à l'avance.

• Ne versez pas le jus de citron et la sauce de soja au centre du wok mais faites-les couler sur les parois. Ils seront ainsi à la bonne température quand ils entreront en contact avec les autres ingrédients et ne ralentiront pas la cuisson de l'ensemble.

Coupez les oignons en deux puis recoupez-les en fins quartiers.

Détaillez les brocolis chinois en tronçons assez larges.

Détachez délicatement les feuilles de basilic avant de les ciseler.

Légumes mélangés au lait de coco

Pour 4 personnes

PRÉPARATION 25 MINUTES • CUISSON 15 MINUTES

6 gousses d'ail coupées en quatre
3 piments rouges frais émincés
1 petite tige de citronnelle émincée
1 c. s. de galanga mariné
coupé en petits morceaux
20 g de gingembre frais pelé
et coupé en petits morceaux
20 g de curcuma frais pelé
et coupé en petits morceaux
500 ml de lait de coco
4 feuilles de citronnier kaffir
4 petites courgettes
coupées en rondelles épaisses
6 petits pâtissons jaunes coupés en quartiers
200 g de chou-fleur en bouquets
100 g de mini-épis de maïs
coupés en deux dans la hauteur
2 c. s. de sauce de soja
2 c. s. de jus de citron vert

1 Mixez l'ail, le piment, la citronnelle, le galanga, le gingembre et le curcuma pour obtenir une pâte épaisse.

2 Portez à ébullition la moitié du lait de coco dans une sauteuse puis incorporez progressivement la pâte au piment, en remuant régulièrement. Laissez cuire à feu vif jusqu'à ce que le mélange soit homogène. Baissez alors le feu et versez le reste du lait de coco puis ajoutez 2 feuilles de kaffir. Laissez épaissir quelques minutes à feu moyen.

3 Ajoutez les courgettes, les pâtissons, le chou-fleur et le maïs dans la sauteuse. Portez à ébullition puis baissez le feu et laissez cuire les légumes 5 minutes à feu moyen. Ils doivent être juste tendres. Retirez la sauteuse du feu et ôtez les feuilles de kaffir. Versez la sauce de soja et le jus de citron puis remuez. Répartissez le mélange dans des bols et garnissez avec les feuilles de kaffir restantes, détaillées en fines lanières.

Par portion lipides 26,9 g ; 336 kcal

Égouttez le galanga puis coupez-le en dés avant de le mixer.

Détaillez les courgettes et les pâtissons et gros morceaux.

Incorporez progressivement la pâte épicée au lait de coco.

ASTUCES

• Voici une recette facile et délicatement parfumée pour accommoder un mélange de légumes. Typique du Sud de la Thaïlande, elle doit beaucoup à la cuisine indienne. Si vous ne parvenez pas à vous procurer du galanga mariné et du curcuma frais (dans les épiceries asiatiques), vous pouvez les remplacer par du gingembre mariné et du curcuma séché et moulu mais ce serait dommage car ils contribuent beaucoup à la réussite de ce plat. Comptez 2 cuillerées à café de curcuma séché + 1 cuillerée à café de sucre roux pour 20 g de curcuma frais.

• Le curcuma est un rhizome de la famille du gingembre. On le trouve surtout séché et moulu mais vous pouvez vous en procurer du frais dans les épiceries asiatiques (achetez-en un peu plus et pelez-le puis congelez-le pour en avoir toujours sous la main). Il est préférable de le gratter car sa peau est assez amère. Le curcuma rouge donne une belle couleur aux currys et sauces thaïes.

• N'utilisez que la partie blanche de la tige de citronnelle, plus tendre et plus délicate que la partie verte. Vous pouvez remplacer cet ingrédient par un zeste de citron vert.

Potiron au basilic et au piment

Pour 4 personnes

PRÉPARATION 10 MINUTES • CUISSON 15 MINUTES

80 ml d'huile végétale
1 gros oignon blanc
coupé en très fines lamelles
2 gousses d'ail coupées en fines lamelles
4 piments rouges frais émincés
1 kg de chair de potiron coupée en cubes
250 g de pois gourmands
1 c. c. de sucre de palme râpé
ou de sucre roux
60 ml de bouillon de légumes (p. 118)
2 c. s. de sauce de soja
1 petit bouquet de basilic pourpre
4 oignons verts émincés
75 g de cacahuètes grillées non salées

1 Faites chauffer l'huile dans un wok. Quand elle commence à frémir, faites frire les lamelles d'oignon en plusieurs fois, jusqu'à ce qu'elles soient dorées. Égouttez-les sur du papier absorbant.

2 Faites cuire ensuite dans le même wok l'ail et les piments jusqu'à ce qu'ils embaume puis ajoutez les morceaux de potiron. Quand ils sont presque tendres et dorés, ajoutez les pois gourmands, le sucre, le bouillon et la sauce de soja. Remuez vivement sur le feu jusqu'à ce que les pois gourmands soient cuits. Ils doivent rester un peu croquants.

3 Retirez alors le wok du feu et incorporez le basilic, l'oignon et les cacahuètes. Mélangez et servez aussitôt, décoré de lamelles d'oignon frit.

Par portion lipides 20,7 g ; 343 kcal

ASTUCES

• Le basilic pourpre de Thaïlande a une saveur plus relevée que le basilic commun. Quand il est très frais, il peut même être très piquant. Il se marie très bien avec les légumes sautés au piment. On le trouve dans les épiceries asiatiques.

• Vous pouvez faire frire quelques feuilles de basilic dans l'huile avant d'y faire cuire les oignons. Les feuilles pourront décorer le plat au moment de servir. Si vous les laissez plus longtemps dans l'huile, leur saveur pimentée sera encore plus développée et parfumera intensément les oignons. Pour les amateurs de sensations fortes…

• Si vous ne goûtez pas les préparations trop relevées, réduisez la quantité de piments ou épépinez-les.

• Vous pouvez remplacer les cacahuètes par des noix de cajou.

Détachez délicatement les feuilles du basilic pour ne pas les casser.

Retirez les fils des pois gourmands avant de les faire cuire.

Retirez les oignons de l'huile avec une écumoire.

Les salades

Salade de pamplemousse

Pour 4 personnes

PRÉPARATION 30 MINUTES

1 petit oignon rouge
4 pamplemousses
2 oignons verts émincés
2 piments rouges frais émincés
quelques feuilles de coriandre fraîche
ciselées
70 g de cacahuètes grillées non salées
60 ml de jus de citron vert
1 c. s. de sauce de soja
2 gousses d'ail écrasées
1 c. s. de sucre de palme râpé
ou de sucre roux

1 Coupez l'oignon en deux puis recoupez chaque moitié en très fines lamelles.

2 Pelez à vif les pamplemousses puis détachez un à un les quartiers sans laisser de peau dessus. Mettez-les dans un saladier en verre avec les oignons, les piments, la coriandre et les cacahuètes grossièrement broyées.

3 Fouettez dans un petit bol le jus de citron, la sauce de soja, l'ail et le sucre jusqu'à ce que ce dernier soit dissous. Versez l'assaisonnement sur les pamplemousses, remuez et servez aussitôt.

Par portion lipides 10,6 g ; 313 kcal

ASTUCES

• La cuisine thaïe utilise souvent certains fruits frais (pamplemousse, bananes, mangues ou papayes) en salade ou pour parfumer un plat. Leur saveur sucrée s'accommode très bien des épices ou piments ainsi que des herbes fraîches comme la coriandre, la menthe ou le basilic. N'hésitez pas à tester différentes associations.

• Pour une version non végétarienne de cette salade, ajoutez des crevettes séchées ou de la chair de crabe. Vous pouvez également la parfumer avec de la citronnelle.

• Selon votre goût, choisissez des pamplemousses jaunes ou roses, les seconds étant plus sucrés et moins amers.

Pelez les pamplemousses en entaillant franchement la chair.

Détachez les quartiers de pamplemousse sans garder la membrane blanche.

Vous pouvez faire griller à sec les cacahuètes pour les rendre croquantes.

Salade de vermicelles aux crevettes

Pour 4 personnes

PRÉPARATION 20 MINUTES

200 g de vermicelles de soja séchés
2 c. s. de sauce de poisson
1 c. s. de jus de citron vert
2 c. c. d'huile végétale
1 gousse d'ail pilée
35 g de cacahuètes grillées non salées
2 oignons verts émincés
quelques feuilles de coriandre ciselées
2 piments rouges frais épépinés et émincés
1 kg de crevettes cuites décortiquées,
avec la queue

1 Mettez les nouilles dans un saladier et couvrez-les d'eau bouillante. Quand elles sont souples et bien gonflées, égouttez-les puis coupez-les grossièrement avec des ciseaux de cuisine.

2 Fouettez ensemble la sauce de poisson, le jus de citron, l'huile et l'ail pilé pour obtenir une sauce homogène.

3 Mettez les nouilles dans un saladier avec les cacahuètes grillées à sec et grossièrement pilées, les oignons, la coriandre, les piments et les crevettes. Versez l'assaison-nement et mélangez. Servez aussitôt.

Par portion lipides 7,8 g ; 323 kcal

ASTUCES

• Mélangez tous les ingrédients de cette salade au dernier moment. Cependant, vous pouvez les préparer à l'avance, à l'exception des nouilles. Pour qu'elles soient bien froides, vous pouvez les passer rapidement sous le robinet puis les laisser égoutter 5 minutes au réfrigérateur.

• Longs, fins et transparents, les vermicelles de soja sont vendus en petits paquets serrés. Pour les couper (après trempage), donnez des coups de ciseaux dans le tas car ces vermicelles assez gélatineux donnent l'impression de vouloir se faufiler à l'extérieur des saladiers aux bords les plus hauts… Égouttez-les dès qu'ils sont souples et transparents ; si vous attendez trop longtemps, ils risquent de coller.

• Si vous n'aimez pas les plats trop relevés, diminuez la quantité de piments.

Décortiquez les crevettes en gardant les queues.

Faites tremper les vermicelles dans de l'eau bouillante.

Coupez grossièrement les vermicelles avec des ciseaux de cuisine.

Salade au poisson croustillant, piment et citron

Pour 4 personnes

PRÉPARATION 20 MINUTES • CUISSON 30 MINUTES

250 g de filet de poisson blanc
de l'huile végétale pour la friture
1 oignon rouge coupé en très fines tranches
6 oignons verts émincés
2 concombres du Liban épépinés et émincés
1 poignée de feuilles de menthe thaïe
1 poignée de feuilles de coriandre
2 c. s. de cacahuètes grillées non salées
2 c. c. de zeste de citron râpé

Sauce au citron
4 piments verts frais épépinés et émincés
2 c. s. de sauce de poisson
80 ml de jus de citron
1 c. s. de sucre de palme râpé
ou de sucre roux

1 Préchauffez le four à 150 °C. Faites-y ensuite cuire le poisson 20 minutes puis laissez-le refroidir à température ambiante. Quand il est assez froid pour être manipulé à la main, effeuillez-le puis mixez-le grossièrement au robot.

2 Faites chauffer l'huile dans un wok et faites frire le poisson jusqu'à ce qu'il croustille. Égouttez-le sur du papier absorbant.

3 Mélangez les oignons, le concombre, la menthe et la coriandre dans un saladier. Versez la sauce au citron et mélangez puis répartissez cette salade dans les assiettes. Saupoudrez de poisson croustillant, de cacahuètes grillées grossièrement hachées et de zeste de citron. Servez aussitôt.

Sauce au citron Fouettez ensemble tous les ingrédients jusqu'à ce que le sucre soit dissous.

Par portion lipides 7,1 g ; 170 kcal

ASTUCES

• Cette salade combine les quatre saveurs typiques de la cuisine thaïe : sucré, acide, salé et épicé. Vous pouvez réduire la quantité de piment dans la sauce si vous n'aimez pas les plats trop relevés.
• Retirez les arêtes avec une pince à épiler. Au moment de garnir la salade, saupoudrez le poisson croustillant du bout des doigts pour le répartir uniformément en une semoule grossière.
• Faites frire le poisson par petites quantités pour qu'il soit doré et croustillant. Retirez-le avec une écumoire. Quand vous en garnirez la salade, il aura eu le temps de refroidir, surtout si vous le faites frire en plusieurs fois.
• Les feuilles de la menthe thaïe sont plus petites que celles de la menthe commune mais le goût en est assez proche. Vous pouvez donc facilement substituer l'une à l'autre.
• Comme vous n'utiliserez pas tout le zeste du citron, congelez-en une partie pour un autre usage.

Coupez le filet de poisson en morceaux avant de le mixer.

Retirez le poisson frit de l'huile avec une écumoire.

Râpez tout le zeste du citron et congelez-en une partie.

Salade de crabe

Pour 4 personnes

PRÉPARATION 15 MINUTES

500 g de chair de crabe
250 de chou chinois émincé
1 concombre du Liban épépiné
et coupé en fines tranches
1 oignon rouge coupé en fines lamelles
6 oignons verts émincés
1 poignée de feuilles de menthe fraîche

Assaisonnement
2 gousses d'ail pilées
2 c. s. de jus de citron vert
2 c. s. de sauce de poisson
1 c. s. de sucre de palme râpé
ou de sucre roux
2 piments rouges frais émincés

1 Égouttez la chair de crabe et émiettez-la si les morceaux sont trop gros.

2 Mettez le crabe dans un saladier puis ajoutez le reste des ingrédients. Mélangez délicatement puis versez l'assaisonnement et remuez à nouveau. Servez aussitôt.

Assaisonnement Fouettez ensemble tous les ingrédients dans un récipient jusqu'à ce que le sucre soit dissous.

Par portion lipides 1 g ; 126 kcal

ASTUCES

• Les feuilles de la menthe thaïe sont plus petites que celles de la menthe commune mais le goût en est assez proche. Vous pouvez donc facilement substituer l'une à l'autre.

• Vous pouvez remplacer le crabe en boîte par la chair d'un gros tourteau que vous aurez fait cuire quelques heures avant ou par des crevettes cuites coupées grossièrement (ou coupées en deux dans la longueur si elles ne sont pas trop grosses).

• Le chou chinois ou chou de Pékin possède des feuilles vert pâle, très croquantes. Il est délicieux en salade mais peut aussi se faire sauter dans un wok avec d'autres légumes.

• Les concombres du Liban sont petits et ne comportent généralement pas beaucoup de pépins. Retirez ces derniers mais gardez la peau des concombres. Vous pouvez les préparer 1 heure à l'avance et les laisser égoutter au frais pour qu'ils rendent leur jus.

• Cette salade sera meilleure si tous les ingrédients sont bien frais. Préparez-les à l'avance et gardez-les au moins 1 heure au réfrigérateur. Mélangez-les et assaisonnez-les au dernier moment.

Égouttez le crabe dans un tamis fin puis émiettez grossièrement la chair.

Utilisez un couteau affûté pour émincer le chou.

Épépinez les concombres avec une petite cuillère, sans les éplucher.

Salade de porc aux lychees

Pour 4 personnes

PRÉPARATION 20 MINUTES • CUISSON 10 MINUTES

1 c. c. d'huile végétale
300 g de filet mignon de porc
1 grosse boîte de lychees égouttés
et coupés en deux
1 poivron rouge épépiné
et coupé en très fines lamelles
1 tige de citronnelle émincée
2 feuilles de citronnier kaffir
coupées en fines lanières
100 g de pousses de cresson
2 c. s. de menthe vietnamienne
finement ciselée
2 c. s. de gingembre mariné égoutté
et émincé
2 c. s. d'échalote frite

Assaisonnement
1 c. s. d'ail confit coupé très finement
2 piments rouge frais épépinés et émincés
1 c. s. de vinaigre de riz
1 c. s. de jus de citron vert
1 c. s. de sauce de poisson
1 c. s. de sucre de palme râpé
ou de sucre roux

1 Faites chauffer l'huile dans un wok et faites dorer le filet de porc de toutes parts. Quand il est bien cuit, retirez le wok du feu, couvrez-le et laissez reposer la viande 10 minutes avant de la découper en très fines tranches. Mettez le porc dans un saladier. Préparez l'assaisonnement et versez-le dans le saladier. Laissez mariner 10 minutes.

2 Pendant ce temps, mélangez dans un autre saladier les lychees, le poivron, la citronnelle, les feuilles de kaffir, le cresson et la menthe.

3 Ajoutez le porc mariné et mélangez. Garnissez de gingembre mariné et d'échalote frite. Servez sans attendre.

Assaisonnement Fouettez tous les ingrédients dans un petit bol jusqu'à ce que le sucre soit dissous.

Par portion lipides 7,4 g ; 220 kcal

ASTUCES

• Vous pouvez préparer cette recette avec 500 g de lychees frais épluchés et coupés en deux, ou encore avec des ramboutans frais ; ces fruits exotiques sont très spectaculaires, avec une peau d'un rouge profond, mais leur goût rappelle celui du lychee (en vente dans les épiceries asiatiques).

• L'échalote frite est un ingrédient très important dans la cuisine thaïe. Vous pouvez l'acheter toute prête dans les épiceries asiatiques, en petits flacons, mais elle sera meilleure si vous la préparez vous-même. Émincez dans la longueur, en tranches très fines, au moins 1 tasse d'échalote puis faites-la frire dans de l'huile très chaude, dans une poêle ou dans un wok, en remuant sans cesse jusqu'à coloration. Dès que les tranches sont croustillantes et dorées, retirez-les de l'huile et égouttez-les sur du papier absorbant ; gardez-les dans un récipient hermétique.

• L'ail confit est un condiment typique de la cuisine thaïe. Les jeunes gousses d'ail sont mises à tremper dans un mélange d'eau, de vinaigre de riz, de sel et de sucre. On le prépare de préférence avec de l'ail jeune (en vente dans les épiceries asiatiques).

Égouttez les lychees avant de les mélanger aux autres ingrédients.

Découpez le porc en tranches très fines puis nappez-le de marinade.

Roulez les feuilles de kaffir pour les découper en très fines lanières.

Salade de bœuf mariné

Pour 4 personnes

PRÉPARATION 15 MINUTES • MARINADE 3 HEURES • CUISSON 10 MINUTES

**500 g de bœuf à griller
(rumsteck ou entrecôte)
60 ml de sauce de poisson
60 ml de jus de citron vert
3 concombres du Liban épépinés
et coupés en tranches fines
4 piments rouges épépinés et émincés
8 oignons verts émincés
250 g de tomates cerises coupées en quatre
1 poignée de feuilles de menthe
vietnamienne
1 poignée de feuilles de coriandre
1 c. s. de sucre de palme râpé
ou de sucre roux
2 c. c. de sauce de soja
1 gousse d'ail pilée**

1 Mettez la viande dans un plat creux. Mélangez dans un récipient 2 cuillerées à soupe de sauce de poisson et 1 cuillerée à soupe de jus de citron. Versez le tout sur la viande, retournez celle-ci une ou deux fois dans la marinade et laissez-la au moins 3 heures au réfrigérateur.

2 Égouttez la viande (jetez la marinade) et faites-la cuire sur un gril en fonte préchauffé, jusqu'à ce qu'elle soit à votre convenance (saignante ou à point mais pas trop cuite). Couvrez-la d'une feuille d'alu et laissez-la reposer 5 minutes avant de la découper en tranches fines.

3 Mélangez le concombre, le piment, l'oignon, les tomates, la menthe et la coriandre dans un saladier. Fouettez ensemble le reste du jus de citron et de la sauce de poisson, le sucre de palme, la sauce de soja et l'ail pour obtenir une sauce homogène. Versez-la sur la salade et remuez délicatement. Répartissez la salade sur les assiettes et disposez dessus les tranches de bœuf. Servez sans attendre.

Par portion lipides 8,7 g ; 241 kcal

ASTUCES

• Détaillez les oignons et les concombres en très fines tranches. Ils donneront ainsi plus de goût à cette salade.
• Vous pouvez préparer cette recette avec du filet de bœuf. Évitez de le retourner plus d'une fois pendant la cuisson. Faites-le cuire sur un gril très chaud pour qu'il soit saisi. Même si vous n'aimez pas la viande saignante, prenez soin de ne pas la faire cuire trop longtemps.
• La sauce de poisson est très salée. Ajustez la quantité à votre convenance, surtout si vous n'aimez pas les plats trop salés ou si vous devez limiter votre consommation de sel.
• Préparez tous les ingrédients de cette salade à l'avance et mettez-les au réfrigérateur mais mélangez-les au dernier moment. Le bœuf doit être encore tiède.

Mettez des gants pour épépiner les piments et les émincer.

Faites griller le bœuf sur un gril très chaud pour qu'il soit saisi.

Utilisez un couteau très affûté pour découper la viande.

Salade piquante au poulet

Pour 4 personnes

PRÉPARATION 25 MINUTES • CUISSON 20 MINUTES

2 c. s. de riz long grain
1 c. s. d'huile végétale
1 c. s. de citronnelle émincée
2 piments rouges frais épépinés et émincés
2 gousses d'ail pilées
1 c. s. de galanga frais râpé
750 g de blanc de poulet émincé
1 concombre du Liban épépiné
et coupé en tranches fines
1 oignon rouge coupé en très fines tranches
100 g de germes de soja
1 poignée de feuilles de basilic thaï
1 poignée de feuilles de coriandre
4 feuilles de laitue

Assaisonnement

80 ml de jus de citron vert
2 c. s. de sauce de poisson
2 c. s. de kecap manis (sauce de soja sucrée)
2 c. s. d'huile végétale
2 c. c. de sucre de palme râpé
ou de sucre roux
1/2 c. c. de sambal oelek

1 Préparez l'assaisonnement.

2 Faites chauffer un wok à feu vif puis faites dorer à sec les grains de riz avant de les broyer au mixeur ou dans un mortier.

3 Faites chauffer l'huile dans le même wok et faites revenir la citronnelle, le piment, l'ail et le galanga jusqu'à ce que le mélange embaume. Réservez au chaud dans un autre récipient. Dans le même wok, faites dorer le poulet de toutes parts jusqu'à ce qu'il soit cuit.

4 Remettez le mélange à la citronnelle dans le wok et versez un tiers de l'assaisonnement. Laissez cuire 5 minutes.

5 Transférez le poulet et sa sauce dans un saladier. Laissez tiédir 5 minutes avant d'ajouter le concombre, l'oignon, les germes de soja, le basilic et la coriandre. Mélangez bien.

6 Disposez les feuilles de laitue en coupelle dans les assiettes et garnissez-les de salade au poulet. Saupoudrez de chapelure de riz et servez sans attendre.

Assaisonnement Fouettez ensemble tous les ingrédients pour obtenir une sauce homogène.

Par rouleau lipides 29,7 g ; 477 kcal

Remuez sans cesse le riz pour éviter qu'il ne brûle.

Pilez le riz dans un mortier pour obtenir une chapelure fine.

ASTUCES

• Le basilic thaï présente des feuilles plus petites que celles du basilic commun et il possède un délicat arôme d'anis. On le trouve dans les épiceries asiatiques. Vous pouvez le remplacer par une variété plus courante.

• Le sambal oelek est une purée de piment assez forte, d'origine indonésienne. Il comporte aussi de la sauce de soja. Vous pouvez en réduire la quantité ou utiliser de la purée de tomate si vous n'aimez pas les plats trop relevés.

• Sachez que plus le piment est petit, plus il est fort. Les piments oiseau sont terriblement forts mais très parfumés. Pour les moins téméraires, on recommandera les piments longs. Grillés, ils acquièrent une saveur légèrement sucrée qui se marie bien avec les salades.

Salade de papaye verte

Pour 4 personnes

PRÉPARATION 25 MINUTES • CUISSON 3 MINUTES

100 g de haricots verts
850 g de papaye verte
250 g de tomates cerises
2 piments verts frais épépinés et émincés
2 c. s. de crevettes séchées
broyées grossièrement
60 ml de jus de citron
1 c. s. de sauce de poisson
1 c. s. de sucre de palme râpé
2 gousses d'ail pilées
quelques feuilles de coriandre ciselées
1 petite laitue iceberg
détaillée en fines lanières
50 g de cacahuètes grillées non salées

1 Coupez les haricots verts en deux et faites-les cuire dans une casserole d'eau bouillante salée. Ils doivent rester juste croquants. Rincez-les aussitôt à l'eau froide puis égouttez-les.

2 Pelez la papaye et coupez-la en quatre. Ôtez-les pépins. Râpez-la grossièrement.

3 Mettez la papaye et les haricots dans un saladier avec les tomates, les piments, les crevettes séchées et la moitié de la coriandre. Fouettez dans un bol le jus de citron, la sauce de poisson, le sucre et l'ail jusqu'à ce que le sucre soit dissous et versez cette sauce sur la salade. Mélangez délicatement.

4 Garnissez les assiettes de laitue émincée et répartissez dessus la salade de papaye. Faites griller à sec les cacahuètes et broyez-les grossièrement dans un mortier avant d'en saupoudrer la salade. Ajoutez le reste de la coriandre et servez sans attendre.

Par portion lipides 14,6 g ; 520 kcal

ASTUCES

• Choisissez une papaye bien ferme et dont la peau brille légèrement, signe d'une grande fraîcheur. En vente dans les épiceries asiatiques. Attention, ce fruit s'abîme rapidement.

• La papaye verte n'a pas beaucoup de goût quand elle est consommée seule mais elle absorbe les parfums et les saveurs des autres aliments. Aussi une salade réussie combinera-t-elle plusieurs ingrédients différents, en particulier sauces et piments. Mélangez les aliments au dernier moment pour éviter que la papaye et la salade ne soient flétries par l'acidité du citron et des autres condiments.

• La chair acide de la papaye peut irriter les épidermes fragiles. Si c'est votre cas, mettez des gants de cuisine pour l'éplucher et la râper.

Épluchez la papaye en la tenant fermement pour éviter qu'elle ne roule.

Coupez-la en quatre et râpez-la avec une mandoline.

Pilez les crevettes séchées ou coupez-les avec un couteau très affûté.

Les pâtes de curry

La cuisine thaïe plonge ses racines dans différentes traditions : locales tout d'abord, mais avec une grande diversité puisque le pays offre de multiples paysages qui ont généré de grandes différences culinaires et culturelles d'une région à l'autre ; étrangères aussi, avec les traditions culinaires des pays avoisinants, la Thaïlande se trouvant à la confluence de l'Inde et de la Chine, et voisine aussi du Vietnam. L'Europe également prit pied dans cette région dès le XVIe siècle, apportant avec elle, outre de nouveaux traités commerciaux, une épice que les Thaïs mirent peu de temps à apprivoiser : le piment. Une des plus grandes qualités de la cuisine thaïe réside dans sa capacité à exhausser toute la délicatesse des mets alors que très souvent les recettes utilisent des ingrédients au goût très prononcé, comme le piment, la citronnelle, l'ail ou la pâte de crevettes. C'est une cuisine raffinée où les saveurs et les textures se complètent en un bel équilibre qui joue de quatre goûts combinés : le sucre, le salé, le pimenté et l'acide.
Les différents currys en sont un bel exemple.

Astuces et techniques

Les currys thaïs nous obligent à oublier les différentes poudres que nous pouvons trouver au rayon épices de nos grandes surfaces : en effet, les pâtes de curry sont préparées avec des ingrédients frais broyés. Il en existe une variété incroyable, puisque les recettes varient selon les ingrédients disponibles, les saisons… et les goûts du cuisinier. Pas question cependant d'improviser totalement. À la base, on trouvera toujours les mêmes ingrédients : des piments (frais ou séchés), du galanga (ou du gingembre), de la citronnelle (et non pas du citron), des échalotes (thaïes de préférence), de l'ail et de la pâte de crevettes. D'autres éléments vont s'ajouter à cette base et les quantités varient selon les recettes, mais la règle d'or est que chaque saveur puisse se reconnaître dans ce savant mélange.

Le piment Sa quantité est variable selon les recettes (les currys verts en sont ainsi très riches). Selon ses goûts, on pourra aussi réduire le nombre de piments utilisés (cette solution est préférable à celle qui consiste à épépiner les piments car ces derniers perdent en saveur). En utilisant des piments séchés que vous aurez fait tremper au préalable, vous leur ferez perdre un peu de leur chaleur (quand le plat « brûle » trop, le goût des aliments s'en trouve masqué) mais sans rien leur faire perdre de leur saveur.

La citronnelle Attention à ne pas couvrir les autres ingrédients avec la saveur citronnée de cette herbe. N'utilisez que le blanc et hachez-la très finement.

La pâte de crevettes Faites-la rôtir très rapidement avant emploi pour exhaler ses parfums.

Les épices en graines Cumin, coriandre, cardamome et autres graines seront rôties à feu doux et à sec (sans matière grasse) avant d'être pilées.

Si au fil des recettes nous vous proposons régulièrement de mixer certains mélanges, un bon cuisinier thaï utilisera quant à lui un pilon et un mortier. Choisissez un gros mortier et un pilon lourd. Commencez par couper les ingrédients en petits morceaux ou à les hacher grossièrement pour les réduire plus facilement en purée. De la même manière, découpez très finement les ingrédients avec de bons couteaux au lieu de les mixer grossièrement. En somme, considérez la cuisine thaïe comme un bel apprentissage de la patience et choisissez un jour où vous êtes très disponible pour vous lancer… Pour rassurer les moins courageux, signalons quand même qu'une pâte de curry préparée avec un mixeur sera meilleure qu'une pâte de curry achetée toute prête au supermarché !

Essayez toujours de vous procurer les bons ingrédients. Vous trouverez la plupart des épices et condiments de garde en grande surface ou dans les épiceries fines (ils sont plus chers mais généralement d'excellente qualité ; achetez les épices en petites quantités pour éviter qu'ils ne s'éventent). Pour les produits frais, allez dans les épiceries asiatiques ou chez de bons marchands de fruits et légumes ; certains ont des étals richement achalandés.

Certaines quantités ne pouvant pas se diviser, il est fréquent que l'on soit obligé de préparer plus de pâte de curry que nécessaire. Vous pouvez garder le reste jusqu'à deux semaines au réfrigérateur, dans un récipient hermétique, après avoir couvert la surface d'un film alimentaire. Vous pouvez la congeler mais son goût s'en trouvera altéré.

Pâte de curry rouge

Pour 300 g de pâte

PRÉPARATION 20 MINUTES
TREMPAGE 15 MINUTES
CUISSON 3 MINUTES

20 piments longs rouges séchés
1 c. c. de coriandre en poudre
2 c. c. de cumin en poudre
1 c. c. de paprika fort
2 c. c. de gingembre frais râpé
3 belles gousses d'ail coupées en quatre
1 bel oignon rouge émincé très finement
2 blancs de citronnelle émincés très finement
1 feuille de kaffir coupée en lanières
1 tige de coriandre hachée, y compris les racines
2 c. c. de pâte de crevettes légèrement rôtie
1 c. s. d'huile végétale

1 Faites tremper les piments 15 minutes dans de l'eau bouillante (ils doivent être juste couverts) puis égouttez-les.

2 Faites rôtir à sec la coriandre, le cumin et le paprika dans une poêle antiadhésive, jusqu'à ce qu'ils embaument.

3 Mettez les piments, les épices rôties et le reste des ingrédients dans un mortier, à l'exception de l'huile. Pilez-les en une purée fine puis versez progressivement l'huile, sans cesser de piler, jusqu'à ce que la pâte soit homogène.

Pâte de curry vert

Pour 300 g de pâte

PRÉPARATION 20 MINUTES
CUISSON 3 MINUTES

2 c. c. de coriandre en poudre
2 c. c. de cumin en poudre
10 piments longs verts émincés
10 piments oiseaux émincés
1 belle gousse d'ail coupée en quatre
4 oignons verts émincés
1 blanc de citronnelle émincé très finement
2 feuilles de kaffir coupées en lanières
1 c. c. de galanga frais râpé
2 tiges de coriandre hachées, y compris les racines
1 c. c. de pâte de crevettes légèrement rôtie
1 c. s. d'huile végétale

1 Faites rôtir à sec la coriandre et le cumin dans une poêle antiadhésive, jusqu'à ce qu'ils embaument.

2 Mettez les épices rôties et le reste des ingrédients dans un mortier, à l'exception de l'huile. Pilez-les en une purée fine puis versez progressivement l'huile, sans cesser de piler, jusqu'à ce que la pâte soit homogène.

Pâte de curry massamam

Pour 300 g de pâte

PRÉPARATION 15 MINUTES
TREMPAGE 15 MINUTES
CUISSON 20 MINUTES

20 piments longs rouges séchés
1 c. c. de coriandre en poudre
2 c. c. de cumin en poudre
2 c. c. de cannelle en poudre
1/2 c. c. de cardamome en poudre
1/2 c. c. de clou de girofle pilé
5 belles gousses d'ail coupées en quatre
1 bel oignon brun émincé très finement
2 blancs de citronnelle émincés très finement
3 feuilles de kaffir coupées en lanières
1 c. c. de gingembre frais râpé
2 c. c. de pâte de crevettes légèrement rôtie
1 c. s. d'huile végétale

1 Préchauffez le four à 180 °C. Faites tremper les piments 15 minutes dans de l'eau bouillante (ils doivent être juste couverts) puis égouttez-les.

2 Faites rôtir à sec la coriandre, le cumin, la cannelle, la cardamome et le clou de girofle dans une poêle antiadhésive, jusqu'à ce qu'ils embaument.

3 Mettez les piments, les épices rôties et le reste des ingrédients dans un petit récipient en terre, mélangez bien et faites rôtir 15 minutes au four.

4 Transférez les ingrédients dans un mortier et pilez-les pour obtenir une pâte homogène.

Pâte de curry panang

Pour 300 g de pâte

PRÉPARATION 20 MINUTES
TREMPAGE 15 MINUTES
CUISSON 3 MINUTES

25 piments longs rouges séchés
1 c. c. de coriandre en poudre
2 c. c. de cumin en poudre
2 belles gousses d'ail coupées en quatre
8 oignons verts émincés
2 blancs de citronnelle émincés très finement
2 c. c. de galanga frais râpé
2 c. c. de pâte de crevettes légèrement rôtie
75 g de cacahuètes grillées hachées grossièrement
2 c. s. d'huile végétale

1 Faites tremper les piments 15 minutes dans de l'eau bouillante (ils doivent être juste couverts) puis égouttez-les.

2 Faites rôtir à sec la coriandre et le cumin dans une poêle antiadhésive, jusqu'à ce qu'ils embaument.

3 Mettez les piments, les épices rôties et le reste des ingrédients dans un mortier, à l'exception de l'huile. Pilez-les en une purée fine puis versez progressivement l'huile, sans cesser de piler, jusqu'à ce que la pâte soit homogène.

Pâte de curry jaune

Pour 300 g de pâte

PRÉPARATION 20 MINUTES
CUISSON 3 MINUTES

1 c. c. de coriandre en poudre
2 c. c. de cumin en poudre
1/2 c. c. de cannelle en poudre
1 c. c. de curcuma frais émincé très finement
5 piments longs jaunes frais émincés
2 belles gousses d'ail coupées en quatre
1 oignon brun émincé très finement
1 blanc de citronnelle émincé très finement
2 c. c. de galanga frais râpé
1 tige de coriandre hachée, y compris les racines
1 c. c. de pâte de crevettes légèrement rôtie
1 c. s. d'huile végétale

1 Faites rôtir à sec la coriandre, le cumin et la cannelle dans une poêle antiadhésive, jusqu'à ce qu'ils embaument.

2 Mettez les épices rôties et le reste des ingrédients dans un mortier, à l'exception de l'huile. Pilez-les en une purée fine puis versez progressivement l'huile, sans cesser de piler, jusqu'à ce que la pâte soit homogène.

Préparez tous les ingrédients (hachés ou émincés si nécessaire) à portée de main.

Faites rôtir à sec les épices en remuant sans cesse avec une cuillère en bois.

Pilez longuement les ingrédients dans un mortier pour obtenir une pâte fine.

Glossaire

Ail L'ail utilisé dans la cuisine thaïe est plus petit et moins relevé que celui qui pousse sous nos climats. Dans la mesure du possible, on utilisera donc de l'ail jeune.
Ail frit On trouve de l'ail frit tout prêt dans les épiceries asiatiques mais celui que vous préparez vous-même sera meilleur et surtout plus frais (voir Astuces p. 50).
Ail mariné Ce condiment se trouve dans les épiceries asiatiques. Il s'agit de têtes d'ail jeune mises à mariner dans un mélange d'eau, de vinaigre blanc, de sel et de sucre.

Anis étoilée Voir Badiane.

Aubergine Fruit d'une plante originaire de l'Inde et cultivée dans le bassin méditerranéen depuis le XVIIe siècle. L'aubergine se cuit à l'étuvée ou se cuisine en gratin ou sautée. On la fera le plus souvent dégorger 30 minutes au sel pour qu'elle rende son eau de végétation.
Aubergine thaïe De forme arrondie, elles sont le plus souvent vertes ou jaunes. Choisissez-les très fraîches pour qu'elles soient bien croquantes (en vente dans les épiceries asiatiques). Vous pouvez les remplacer par des aubergines communes.
Aubergine sauvage Il s'agit de baies de la taille d'un petit pois et qui poussent en grappes. Malgré leur amertume, elles sont délicieuses dans les currys et les préparations au lait de coco. N'hésitez pas à les remplacer par des aubergines thaïes ou par des petits pois.

Badiane Fruit en forme d'étoile d'un arbre de la famille des magnoliacées originaire de Chine. Son goût prononcé d'anis relève de nombreuses recettes asiatiques. On le trouve entier ou moulu. Peut également être utilisé en infusion.

Bambou (pousses de) Partie la plus tendre des jeunes plants de certaines variétés de bambou.

Basilic Si le basilic utilisé en Thaïlande diffère du basilic commun par son goût plus puissant, ce dernier pourra cependant faire l'affaire.
Basilic thaï Il a une tige mauve et des feuilles vertes. Son goût est très anisé.
Basilic sacré Il a une saveur puissante, parfois même pimentée quand il est très frais. On l'utilise surtout dans les plats sautés rapidement au wok.

Bok choy Aussi connu sous le nom de chou blanc chinois. Ce légume a un goût frais, légèrement moutardé. Excellent sauté ou braisé. Les pousses de bok choy sont plus tendres et plus délicates.

Brocoli Légume de la famille du chou. Doit être coupé en « fleurs » avant la cuisson. Les tiges se consomment, mais nécessitent une cuisson plus longue.
Brocoli chinois Légume vert à longues feuilles. On peut le remplacer par des blettes.

Cardamome Épice originaire de l'Inde et très présente dans la cuisine orientale. On la trouve en gousses, en graines ou moulue.

Champignons
Brun suisse Champignon allant du marron clair au marron foncé ; goût léger.
Champignon de Paris Petit champignon blanc au goût délicat.
Shiitake Petit champignon frais au goût de viande.
Muerr Également appelé « oreille des bois ». Ils est décoratif et d'une saveur douce et aromatique.

Chou chinois Également connu sous le nom de chou de Pékin. Ressemble un peu à une romaine, mais son goût est plus proche du chou vert.

Choy sum Légume chinois à grandes feuilles.

Ciboulette Plante de la famille de l'oignon, dont les feuilles creuses et minces, au goût subtil d'oignon, sont employées comme condiment. On peut lui substituer des tiges de ciboules, à la saveur plus prononcée, mais moins délicate.

Citron vert Plus petit et plus sucré que le citron jaune, c'est le plus utilisé dans la cuisine thaïe avec le citron kaffir.

Citronnelle Herbe longue au goût et à l'odeur de citron. On hache l'extrémité blanche des tiges, plus douce au goût et plus tendre que le vert. Ce dernier, souvent très ligneux, pourra être utilisé pour parfumer sauces et bouillons mais on le jettera après la cuisson.

Coco
Crème Première pression de la pulpe mûre des noix. Disponible en boîte ou en berlingot.
Lait Il ne s'agit pas du jus contenu dans la noix mais du liquide obtenu par la deuxième pression de la pulpe. Disponible en boîte ou en berlingot.

Concombre du Liban Ce petit concombre a une chair très ferme et comporte peu de pépins.

Coriandre Aussi appelée persil arabe ou chinois, cette herbe vert vif a une saveur très relevée. Les Thaïlandais utilisent toute la plante, y compris la racine. Les graines ont un arôme différent.

Crevette Dans la cuisine thaïe, on utilise la crevette soit fraîche, soit séchée, soit également en pâte (salée et puissante). Achetez toujours les crevettes séchées dans un magasin de produits asiatiques bien achalandé et dont le stock est renouvelé fréquemment (gardez-les au réfrigérateur). La pâte de crevettes est un ingrédient très important dans la cuisine thaïe. Elle est faite avec des crevettes salées et fermentées puis séchées au soleil. On peut la faire rôtir pour en relever la saveur.

Curry Les pâtes de curry sont une des bases de la cuisine thaïe (voir recettes p. 111). Elles sont broyées le plus finement possible et se conservent deux semaines au réfrigérateur, dans un récipient hermétique. On peut également les congeler mais elles peuvent alors devenir plus amères.

Échalote Elles sont utilisées pour la confection des currys mais aussi pour parfumer soupes et salades. Les échalotes thaïes ont une chair rouge mais leur goût est très proche de celui des échalotes communes. Les échalotes frites sont vendues toutes prêtes dans les épiceries asiatiques mais elles seront meilleures si vous les cuisinez vous-même (voir Astuces p. 50).

Galanga Rhizome à chair blanche à doré qui vire au rouge profond en mûrissant. Sa saveur est poivrée et puissante. On le trouve dans les épiceries asiatiques. On l'utilise en morceaux pour aromatiser mais on ne le consomme pas (la retirer du plat au moment de servir). On trouve également du galanga mariné ou en poudre.

Gingembre Racine épaisse et noueuse d'une plante tropicale. Très utilisé dans la cuisine thaïe, il parfume soupes et currys. Les morceaux de gingembre doivent être bien fermes, avec une peau lisse. On trouve également du gingembre mariné ou séché.

Haricots Dans la cuisine thaïe, on utilise des haricots kilomètres ou haricots serpents, de forme sinueuse et longue, généralement sautés au wok mais parfois également ajoutés dans les recettes au lait de coco. Vous pouvez les remplacer par des haricots verts. Quant aux haricots mangetout, ils sont surtout employés en accompagnement avec d'autres légumes ; ils sont plus larges que les pois mangetout et nécessitent donc une cuisson plus longue.

Huile La plus utilisée dans la cuisine asiatique est l'huile d'arachide car elle supporte de très hautes températures sans brûler.

Huîtres (sauce d') D'origine asiatique, cette sauce brune est composée d'huîtres en saumure, de sel, de sauce de soja et d'amidon.

Kaffir (citronnier) Ce fruit de la famille du citron est également appelé combava. Ses feuilles sont très utilisées dans la cuisine thaïe (en ventes dans les épiceries asiatiques). Elles sont meilleures quand elles sont fraîches et peuvent se congeler en petites quantités. Le fruit est plus difficile à trouver et très cher. Il a une peau sombre et ridée. Son zeste est parfumé mais il faut absolument éviter la partie blanche car elle est très amère.

Ketcap manis Sauce de soja indonésienne, épaisse et sucrée, contenant du sucre et des épices.

Mangue Fruit originaire des Indes orientales, de forme oblongue. La peau verte se teinte de rouge du côté exposé au soleil. Sa pulpe, jaune orangé, est fruitée et savoureuse. Très utilisée dans la cuisine thaïe, la mangue se consomme en toutes saisons : jeune et verte, elle est préparée en condiment ou conservée dans la saumure ; plus mûre, on la cuisine pour accompagner les currys ou on la déguste crue. En fin de saison, elle est transformée en pâte ou séchée et détaillée en très fines tranches.

Menthe vietnamienne Herbe aromatique à la saveur âcre, aussi appelée laksa ou menthe cambodgienne. Elle est utilisée dans de nombreuses soupes et salades asiatiques.

Nouilles Les plus couramment consommées en Thaïlande sont les nouilles de riz, à base de farine de riz et d'eau. Elles sont vendues en rubans de différentes largeurs, jusqu'aux vermicelles très fins (toujours vendus séchés). Les nouilles fraîches sont assouplies dans l'eau bouillante avant d'être sautées avec d'autres ingrédients dans un wok.

Oignon
Ciboule Il s'agit en fait d'une variété d'ail. Ses feuilles creuses se consomment aussi crues.
De printemps Bulbe blanc relativement doux, aux longues feuilles vertes et croquantes.
Jaune Oignon à chair piquante ; utilisé dans toutes sortes de plats.
Rouge Également appelés oignon espagnol. Plus doux que l'oignon jaune, il est délicieux cru dans les salades.
Vert Oignon cueilli avant la formation du bulbe, dont on

mange la tige verte ; à ne pas confondre avec l'échalote.

Pâtisson

Légume de la famille des courges et qui présente une forme légèrement aplatie. Le pâtisson se prépare comme le potiron.

Piments Il en existe toutes sortes de variétés. En général, plus le piment est petit, plus il est fort. Mettez des gants en caoutchouc quand vous les épépinez, car ils peuvent brûler la peau. En enlevant graines et membranes, vous atténuerez leur feu.

Piments bananes Ces piments larges sont peu relevés et sont utilisés le plus souvent pour les salades ou sautés au wok avec d'autres ingrédients.

Piments longs Longs de 5 cm environ, rouges ou verts, ils se cuisinent comme les piments bananes. Les piments rouges peuvent être grillés comme les poivrons.

Piments oiseau Ces petits piments emportent la bouche par leur force… Ingrédients de base des currys, on les trouve dans les épiceries asiatiques. Il est préférable d'en réduire les quantités plutôt que de les remplacer par d'autres variétés moins fortes.

Piments séchés Cette conservation concerne les piments longs et les piments oiseaux. Choisissez ceux dont la peau est très sombre. Vous pouvez les broyer dans un mortier ou les réhydrater 10 minutes dans de l'eau froide avant de les utiliser.

Piment en poudre Cette poudre est préparée avec des piments oiseaux (les plus forts). À utiliser faute de piments frais à raison de 1 demi-cuillerée à café de piment en poudre pour 1 piment frais moyen haché.

Sauce aux piments douce Sauce peu épicée, composée de piments rouges, de sucre, d'ail et de vinaigre.

Sauce aux piments forte Sauce chinoise composée de piments, de sel et de vinaigre.

Poivre Dans la cuisine thaïe, on utilise surtout le poivre blanc et le poivre vert. Ce dernier est employé frais (épiceries asiatiques) mais vous pouvez le remplacer par du poivre en saumure (rincez-le abondamment avant emploi).

Pois gourmands Ou pois mange-tout. Plus petits et plus tendres que les haricots mangetout, ils se cuisent très rapidement (2 minutes), de préférence à l'eau ou à la vapeur. Saveur très délicate. Se consomment au printemps.

Riz Le repas thaï s'articule autour du riz. C'est dire combien cet aliment est essentiel dans la cuisine thaïe, mais aussi dans la culture de ce pays. On distingue trois grandes variétés : le riz jasmin, effilé et ferme, le riz gluant blanc et le riz gluant noir (surtout utilisé pour les desserts). La cuisson se fait directement dans l'eau, ou à la vapeur. Lavez le riz à grande eau avant de le faire cuire.

Sambal oelek Condiment fort d'origine indonésienne, à base de piments broyés, de sel, de vinaigre et de diverses épices.

Sauce de poisson Appelée *nahm pla*, c'est l'élément salé de la plupart des recettes thaïes. Elle est préparée avec du poisson ou des crevettes. On la trouve en grandes surfaces (c'est l'équivalent thaï du nuoc-mâm vietnamien).

Sauce de soja En Thaïlande, on utilise généralement une sauce de soja légère, légèrement dorée. Comme toute les sauces de soja, elle est faite avec des haricots fermentés.

Sucre de palme Il est issu de la sève des palmiers à sucre, recueillie directement sur l'arbre dans le tronc duquel on a pratiqué des incisions. La sève est vendue en sirop ou séchée puis débitée en petits pains que l'on râpe ou que l'on pile dans un mortier au fur et à mesure des besoins. On peut le remplacer par du sucre roux.

Tamarin Fruit du tamarinier, il a une chair acide. On peut le trouver frais dans les épiceries asiatiques. Le plus souvent, on utilisera de la pulpe de tamarin séchée, qu'il faut faire tremper quelques minutes dans de l'eau bouillante avant de la presser dans un tamis fin pour éliminer tous les résidus. On trouve également dans le commerce de l'eau de tamarin.

Tofu Pâte de soja épaisse, d'un blanc légèrement cassé, qui se présente sous la forme de blocs compacts plus ou moins fermes. Le tofu velouté (ou soyeux) est très tendre et délicat de goût. Il se marie bien avec les saveurs de la cuisine thaïe.

Vinaigre En Thaïlande, on utilise un vinaigre blanc obtenu à partir d'eau de noix de coco fermentée. En vente dans les épiceries asiatiques. Vous pouvez le remplacer par du vinaigre blanc classique dilué dans l'eau (1 volume d'eau pour 3 volumes de vinaigre).

Bouillons maison

Les bouillons se gardent 4 jours au réfrigérateur. Vous pouvez aussi les conditionner dans de petits récipients et les mettre au congélateur. Faites-les décongeler au fur et à mesure de vos besoins. Ces recettes vous permettront d'obtenir 2,5 litres de bouillon. Laissez reposer le bouillon quelques heures puis retirez la graisse figée en surface avec une cuillère.

Bouillon de bœuf

2 kg d'os de bœuf garnis de viande
2 oignons moyens
2 branches de céleri hachées
250 g de carottes coupées en rondelles
3 feuilles de laurier
2 c. c. de poivre noir en grains
5 litres d'eau

Préchauffez le four à 160 °C. Mettez les os et les oignons dans un plat et faites-les rôtir au four pendant 1 heure. Quand ils sont bien dorés, mettez-les dans une grande cocotte avec le céleri, les carottes, le laurier, le poivre et la moitié de l'eau. Salez à votre convenance puis laissez frémir 3 heures, sans couvrir. Versez alors le reste de l'eau, écumez et laissez cuire encore 1 heure. Laissez le bouillon refroidir avant de le mettre au réfrigérateur. Retirez la graisse figée en surface puis passez le bouillon dans un tamis fin.

Bouillon de volaille

2 kg d'os de poulet garnis de viande
2 oignons moyens
2 branches de céleri hachées
250 g de carottes coupées en rondelles
3 feuilles de laurier
2 c. c. de poivre noir en grains
5 litres d'eau

Mélangez tous les ingrédients dans une cocotte, salez à votre convenance et laissez frémir à feu moyen pendant 2 heures. Laissez le bouillon refroidir avant de le mettre au réfrigérateur. Retirez la graisse figée en surface puis passez le bouillon dans un tamis fin.

Bouillon de légumes

4 oignons moyens
12 branches de céleri hachées
350 g de carottes coupées en rondelles
350 g de petits navets coupés en quatre
1 poireau coupé en tronçons
3 feuilles de laurier
2 c. c. de poivre noir en grains
6 litres d'eau

Mélangez tous les ingrédients dans une cocotte, salez à votre convenance et laissez frémir à feu moyen pendant 2 heures. Laissez le bouillon refroidir avant de le mettre au réfrigérateur. Passez-le dans un tamis fin.

Fumet de poisson

1,5 kg d'arêtes et de têtes de poisson de roche
(réservez les filets pour un autre emploi)
1 oignon moyen
2 branches de céleri hachées
2 feuilles de laurier
2 c. c. de poivre noir en grains
3 litres d'eau

Mélangez tous les ingrédients dans une cocotte, salez à votre convenance et laissez frémir à feu moyen pendant 20 minutes. Laissez le bouillon refroidir avant de le mettre au réfrigérateur. Passez-le dans un tamis fin.

Table des recettes

marabout**chef**

Vous avez choisi "Cuisine thaï pour débutants",
découvrez également :

Et aussi :

CLASSIQUE
Les Basiques de la
cuisine française
Pain maison
Pasta à toutes les sauces
Poissons & Crustacés faciles
Sauce, salsas & vinaigrettes
Spécial Légumes

GOURMAND
Cupcakes, cookies
& macarons
Les meilleurs desserts
Macarons & petits biscuits
Tout chocolat

ENTRE AMIS
Barbecue party
Best-of cakes
Best-of verrines
Mini-quiches & mini-cakes

FACILE
Les Basiques de la cuisine
Recettes faciles
Recettes vite prêtes
Thaï pour débutants

PRATIQUE
Dîner en tête-à-tête
Petits plats mini-prix
Soupes en toute saison
Spécial Étudiant

CUISINE DU MONDE
À l'Italienne
Cuisine des Antilles
Curry… oh oui !
Sushis & Cie

SANTÉ
21 jours pour mincir
Cuisine végétarienne
Recettes anti-cholestérol
Recettes minceur
Recettes protéinées
Salades pour changer

**MARABOUT SE
PRÉOCCUPE
DE L'ENVIRONNEMENT**

Nous utilisons des papiers
composés de fibres naturelles,
renouvelables et recyclables.

Les papiers qui composent
ce livre sont fabriqués à
partir de bois issus de forêts
qui adoptent un système
d'aménagement durable.

Nous attendons de nos
fournisseurs de papier
qu'ils s'inscrivent dans une
démarche de certification
environnementale reconnue.

Adaptation : Danièle Delavaquerie et Élisabeth Boyer
Mise en pages : Penez Édition
Relecture : Philippe Rollet.

© 2004 ACP Magazines Ltd.
Publié pour la première fois en Australie sous le titre *Best Food Thaï*
© 2004 Hachette Livre (Marabout) pour la traduction et l'adaptation françaises.

Hachette Livre (Marabout) - 43, quai de Grenelle - 75905 Paris Cedex 15

Tous droits de traduction, d'adaptation et de reproduction réservés
pour tous pays, par quelque procédé que ce soit.

Dépôt légal : novembre 2011 / 40.9725.9 / ISBN 978-2-501-04792-0 / Édition 08
Imprimé en Espagne par Gráficas Estella.